近代经济生活系列

秘密社会史话

A Brief History of
Secret Societies in China

刘才赋 / 著

社会科学文献出版社
SOCIAL SCIENCES ACADEMIC PRESS (CHINA)

图书在版编目（CIP）数据

秘密社会史话/刘才赋著．—北京：社会科学文献出
版社，2012.3
（中国史话）
ISBN 978 - 7 - 5097 - 1699 - 1

Ⅰ.①秘… Ⅱ.①刘… Ⅲ.①帮会 - 史料 - 中国 - 近
现代 Ⅳ.①D693.75

中国版本图书馆 CIP 数据核字（2011）第 111371 号

"十二五"国家重点出版规划项目

中国史话·近代经济生活系列

秘密社会史话

著　　者／刘才赋

出 版 人／谢寿光
出 版 者／社会科学文献出版社
地　　址／北京市西城区北三环中路甲 29 号院 3 号楼华龙大厦
邮政编码／100029

责任部门／人文科学图书事业部　（010）59367215
电子信箱／renwen@ ssap. cn
责任编辑／赵子光　赵　亦
责任校对／南秋燕
责任印制／岳　阳
总 经 销／社会科学文献出版社发行部
　　　　　（010）59367081　59367089
读者服务／读者服务中心（010）59367028

印　　装／北京画中画印刷有限公司
开　　本／889mm×1194mm　1/32　印张／5.5
版　　次／2012 年 3 月第 1 版　　字数／108 千字
印　　次／2012 年 3 月第 1 次印刷
书　　号／ISBN 978 - 7 - 5097 - 1699 - 1
定　　价／15.00 元

总　序

　　中国是一个有着悠久文化历史的古老国度，从传说中的三皇五帝到中华人民共和国的建立，生活在这片土地上的人们从来都没有停止过探寻、创造的脚步。长沙马王堆出土的轻若烟雾、薄如蝉翼的素纱衣向世人昭示着古人在丝绸纺织、制作方面所达到的高度；敦煌莫高窟近五百个洞窟中的两千多尊彩塑雕像和大量的彩绘壁画又向世人显示了古人在雕塑和绘画方面所取得的成绩；还有青铜器、唐三彩、园林建筑、宫殿建筑，以及书法、诗歌、茶道、中医等物质与非物质文化遗产，它们无不向世人展示了中华五千年文化的灿烂与辉煌，展示了中国这一古老国度的魅力与绚烂。这是一份宝贵的遗产，值得我们每一位炎黄子孙珍视。

　　历史不会永远眷顾任何一个民族或一个国家，当世界进入近代之时，曾经一千多年雄踞世界发展高峰的古老中国，从巅峰跌落。1840 年鸦片战争的炮声打破了清帝国"天朝上国"的迷梦，从此中国沦为被列强宰割的羔羊。一个个不平等条约的签订，不仅使中国大量的白银外流，更使中国的领土一步步被列强侵占，国库亏空，民不聊生。东方古国曾经拥有的辉煌，也随着西方列强坚船利炮的轰击而烟消云散，中国一步步堕入了半殖民地的深渊。不甘屈服的中国人民也由此开始了救国救民、富国图强的抗争之路。从洋务运动到维新变法，从太平天国到辛亥革命，从五四运动到中国共产党领导的新民主主义革命，中国人民屡败屡战，终于认识到了"只有社会主义才能救中国，只有社会主义才能发展中国"这一道理。中国共产党领导中国人民推倒三座大山，建立了新中国，从此饱受屈辱与蹂躏的中国人民站起来了。古老的中国焕发出新的生机与活力，摆脱了任人宰割与欺侮的历史，屹立于世界民族之林。每一位中华儿女应当了解中华民族数千年的文明史，也应当牢记鸦片战争以来一百多年民族屈辱的历史。

当我们步入全球化大潮的 21 世纪，信息技术革命迅猛发展，地区之间的交流壁垒被互联网之类的新兴交流工具所打破，世界的多元性展示在世人面前。世界上任何一个区域都不可避免地存在着两种以上文化的交汇与碰撞，但不可否认的是，近些年来，随着市场经济的大潮，西方文化扑面而来，有些人唯西方为时尚，把民族的传统丢在一边。大批年轻人甚至比西方人还热衷于圣诞节、情人节与洋快餐，对我国各民族的重大节日以及中国历史的基本知识却茫然无知，这是中华民族实现复兴大业中的重大忧患。

中国之所以为中国，中华民族之所以历数千年而不分离，根基就在于五千年来一脉相传的中华文明。如果丢弃了千百年来一脉相承的文化，任凭外来文化随意浸染，很难设想13亿中国人到哪里去寻找民族向心力和凝聚力。在推进社会主义现代化、实现民族复兴的伟大事业中，大力弘扬优秀的中华民族文化和民族精神，弘扬中华文化的爱国主义传统和民族自尊意识，在建设中国特色社会主义的进程中，构建具有中国特色的文化价值体系，光大中华民族的优秀传统文化是一件任重而道远的事业。

当前，我国进入了经济体制深刻变革、社会结构深刻变动、利益格局深刻调整、思想观念深刻变化的新的历史时期。面对新的历史任务和来自各方的新挑战，全党和全国人民都需要学习和把握社会主义核心价值体系，进一步形成全社会共同的理想信念和道德规范，打牢全党全国各族人民团结奋斗的思想道德基础，形成全民族奋发向上的精神力量，这是我们建设社会主义和谐社会的思想保证。中国社会科学院作为国家社会科学研究的机构，有责任为此作出贡献。我们在编写出版《中华文明史话》与《百年中国史话》的基础上，组织院内外各研究领域的专家，融合近年来的最新研究，编辑出版大型历史知识系列丛书——《中国史话》，其目的就在于为广大人民群众尤其是青少年提供 套较为完整、准确地介绍中国历史和传统文化的普及类系列丛书，从而使生活在信息时代的人们尤其是青少年能够了解自己祖先的历史，在东西南北文化的交流中由知己到知彼，善于取人之长补己之短，在中国与世界各国愈来愈深的文化交融中，保持自己的本色与特色，将中华民族自强不息、厚德载物的精神永远发扬下去。

《中国史话》系列丛书首批计 200 种，每种 10 万字左右，主要从政治、经济、文化、军事、哲学、艺术、科技、饮食、服饰、交通、建筑等各个方面介绍了从古至今数千年来中华文明发展和变迁的历史。这些历史不仅展现了中华五千年文化的辉煌，展现了先民的智慧与创造精神，而且展现了中国人民的不屈与抗争精神。我们衷心地希望这套普及历史知识的丛书对广大人民群众进一步了解中华民族的优秀文化传统，增强民族自尊心和自豪感发挥应有的作用，鼓舞广大人民群众特别是新一代的劳动者和建设者在建设中国特色社会主义的道路上不断阔步前进，为我们祖国美好的未来贡献更大的力量。

陈奎元

2011 年 4 月

目　录

一　传说与史实：鸦片战争前中国秘密社会的状况

　　秘密社会是在正常社会组织系统之外存在着的种种下层社会成员群体，是正统社会秩序的"异端"，在中国漫长的历史上，它一直作为下层群众的集合体而存在着、滋长着、发展着。至18世纪即清代中叶以后，已盛行于大河上下，长江南北。晚清民国时期，更有近千种名目、数千万徒众，在近代中国历史上扮演了一个十分重要的角色，成为一股巨大的社会势力，影响所及遍于社会政治经济生活的各个方面，正邪毕集，鱼龙混杂，风雷雨电，蔚为大观。

　　清代秘密社会，从其组织形式与活动内容来看，大致可以分为三大块：秘密会党、秘密教门以及丐盗医相等的江湖帮派。由于历代政府对秘密社会迭申禁令，也由于秘密社会成员多为下层贫民，粗鲁不文，因此为了保守秘密，方便传习，组织、规仪、沿革多靠口耳相传，这就不免鲁鱼亥豕，以讹传讹；大量使用隐语暗号，时日一久，也难免意义不明，令后世难以索解；而一些秘密社会的人物为了政治或其他的原因又往往牵强附会、攀拉神化，使得本就难稽真貌的早期秘密社会及历史更显扑朔迷离，各种说法五花八门。因此，我们只能根据各秘密社会组织内部关于自身历史的传说和清代官方档案中的有关资料对其在鸦片战争前的状况略作叙述。

 秘密会党

秘密会党也称帮会，主要以异姓结拜形式出现，用歃血为盟、焚表结义的方式聚合，靠江湖义气、帮规会律维系内部团结，以互济互助、福祸与共吸引社会大众。成员必须忠于誓言，恪遵规约，严守秘密。

清代出现"立有会名"的秘密会党，史有明载的最早在雍正初年。雍正四年（1726）台湾诸罗（今嘉义）蔡阴、汤完先后与人结拜设立父母会。稍后，在福建厦门有一钱会，广东亦出现父母会。至雍正末年，山东高唐独轮小车推车工人结成小车会，安徽搬运工人组织抬天会以及以铁尺防身的铁尺会。雍乾之际，在四川流民中又出现了哥老会的前身，以结拜弟兄方式结成的武装集团啯噜子，"少则三五成群，多则数十余众"，"各联声势，互相应援"，"率皆年力精壮，亡命无赖。凡抢夺、奸淫、赌博、酗酒等事，无一不为"，较之后来的哥老会，表现得更多的是其破坏性和寄生性。四川啯噜会发展到嘉、道时期，与势力北移的南方天地会及川楚一带白莲教势力相会合，互相渗透、融合，终于在道光年间形成了哥老会的组织名目。

而哥老会大规模出现，则是晚清同光年间的事了。

乾隆二十六年（1761），福建漳浦县万提喜即洪二和尚郑开创立天地会，取意"拜天为父，拜地为母"，会内则通称洪门。关于天地会的起源问题，目前学术界意见并不统一，以时间言，有明季说、明末清初说、康熙说、雍正说、乾隆说；创立人则有郑成功说、明朝遗老说、万五道宗说、福建藤牌兵说，"以万为姓"集团说及万提喜说等，据统计各种说法竟有 12 种之多，确实是众说纷纭，莫衷一是。但多数说法缺乏有力的史料证据，假设与求证、猜测与附会的成分居多，可以说，直到目前为止，天地会有材料可考的历史只能是从乾隆二十六年开始。因此，"档案派"蔡少卿为代表的"乾隆说"正得到越来越多的学者支持。

天地会成立以后，即在闽粤、闽浙边界地区迅速传播，并且多次举行武装起事，反抗政府。乾隆三十三年（1768），万提喜"暗中指使"同伴卢茂在漳浦县发动了天地会的首次举事，有数百人参与了抢劫县城。乾隆四十八年（1783），福建平和人严烟将天地会传入台湾，三年后，台湾爆发了天地会组织发动的林爽文起义，数十万群众参加斗争，历时一年有余。至嘉、道时期，天地会的发展已相当完备。在传布地域上，已从闽、台一带传至两广、两湖、云贵等广大地区，并且随着华工出洋而蔓延到了南洋等海外华侨中间。在组织名目上，天地会的首领与骨干们为了对付清政府的镇压，不断改易名称，一方面用来迷惑官府，一方面也减少了群众加入天地会的顾虑，除乾隆年间已经存在的天地会、小刀会、添弟会等名称而外，又出现了和义会、双刀会、三点会、百子会、串子会、三合会、仁义会、洪钱会、明灯会、保家会等各种名目，形成了一个庞大的天地会系统。在组织结构上，尽管天地会标榜"忠义堂前无大小"，彼此以哥弟相称，但它在不断的发展过程中，还是模拟、创造出了具有虚拟血缘关系特征的传统家族制度——"五房"制，有了一套完整的机构和职称。据日人平山周《中国秘密社会史》介绍，"公所之首领称大总理，或称为元帅，普通称大哥"，"以下之头目称香主，普通称为二哥"，"再次之头目称白扇或先生，或称三哥"，四、五则为先锋、红棍，红棍以下总称草鞋，是为一般徒众，"服役使令随行等事"。虽各地称谓不一，但大同小异。拜盟过程在乾隆年间还只是"在僻静地方设立香案、排列刀剑、令在刀下钻过即传给会内口号、结为兄弟"。此后拜盟仪式越发复杂、严格，要供奉各主的牌位，摆设固定的物品，按照设定的程序，吟诵特定的诗句，特别增加了"共饮血酒"一项，以表示"刺血之友，如分同气"，并制定了有关会规、誓约，如《洪门三十六誓》、《二十一则》、《十禁》等，以规范会员行为，违反则"明神殛之"。

就实际活动而言，嘉、道年间，天地会系统的组织先后数百次举事，人数从数百、数千至上万不等，虽每次举事，均被清政府迅速镇压，但屡仆屡起，继续蔓延，后来出现的许多会党组织或是它的支脉，或是在其影响下发育生成，多少总跟它沾带一点关系。

天地会成为有清一代规模最大、影响最广最深的一个秘密会党。

除上述天地会系统的秘密会党外，嘉、道年间还出现了许多其他秘密会党，如江西的担子会，广东的共和义会、守义会、集义会、连兄会、老表会，湖南的观音会、忠义会、公义会以及湖北的孤老会等等，同过去相比，秘密会党有了较大的发展，并日渐完备、成熟，成为清政府统治的一股巨大的潜在威胁力量。

 秘密教门

秘密教门也被人们称为秘密宗教或民间宗教，它一般以宗教信仰的面貌出现，以师徒递传的方式组成，宗教迷信往往是其维系内部团结的最大纽带。秘密宗教表面上与佛、道等宗教有某些相似之处，多数要求徒众茹素食斋，诵经礼佛，行善积德，从而消灾得福，避劫免难。因此，对于经济很不发达、文化水平低下的广大农村劳苦群众有相当的吸引力。有清一代，秘密教门的活动十分活跃，从顺治时期开始，一直不断，影响较大的教门有白莲教、罗教、八卦教以及天理教、混元教等等，而其中规模最巨、流传最广、势力最盛、影响最大者莫过于白莲教。

白莲教的源流，可以追溯到南宋时期昆山人茅子元所创设的以佛教净土宗教义为基础的白莲宗。在长期的秘密流传过程中，白莲宗与弥勒教、白云宗等其他佛教异端教派日益接近，互相渗透、融合，特别是吸收了弥勒教的弥勒降世信仰，形成了白莲教初期教义：劫变观念和弥勒降生的信仰。发展到明季，又吸取了罗教"真空家乡、无生老母"的信仰，白莲教教义基本形成。后来它又进一步吸收道、儒等教的有关信仰，日趋完备。

白莲教（宗）初时主要活动于东南地区，后渐向北方及内地蔓延，至元末农民大起义时，河南、江淮间广布教徒，韩山童的家乡河北亦成为活动区域。明初，白莲教立足华北，扩散于湖北、江西、四川、陕西等地。明中叶以后，其组织不仅流布内地各省，而且还蔓延至西南少数民族地区及漠北边境地区。由于迭遭严禁，各地白莲教组织乃改易名目进行传播，因而产生了许多新的支派，如闻香教、清茶门教、红阳教等。清代的白莲教继明之盛，传布更为广泛，成为一个严重的社会问题。除承明季众多的教派名目外，"种种异名，旋禁旋出"，出现了八卦、清水、青莲、先天、金丹道、斋教等许多新的教派，反抗封建官府的活动也不时发生，如乾隆三十九年（1774）山东清水教王伦起义。嘉庆元年（1796）爆发的川楚陕白莲教大起义，更波及数省，历时十载，沉重打击了清王朝的统治。嘉庆十八年（1813）天理教林清、李文成起义，"袭据宫阙，声振朝廷，实为汉唐宋明之所未有之非常之事"。这几次大规模起义的被镇压，使得白莲教的势力受到重挫。进入道光时期，白莲教已渐趋衰弱与涣散，遂在一些地区与日益强盛、势力渐至北移的天地会组织走向融合，产生了许多亦教亦会的新组织。

罗教是明朝正德年间（1506～1521），由佛教禅宗临济宗分化出来的一个教派，因其创教始祖为罗清而得名，亦称罗祖教、罗道教。罗教奉禅宗第一祖达摩为正宗，主张三教同源，万法归一，并糅合释道两家思想，提出独具特色的"真空"、"无生"境界，认为"真空"是宇宙的根本，是绝对的，永劫不坏的。它的变化，创造出人类和世界上的万事万物。"无生"即是永生无死，具体地说，人在现实世界中的一生，是受苦无尽的过程，当末日来临，只要受到"无生老母"的召唤和拯救，把他们渡返"真空家乡"，便可以永生无死。罗教的这一思想，吸引了广大受苦受难的群众入教，并对明中期以后产生的民间宗教有着巨大影响。

罗教被统治者和正统神权视为异端，遭明令禁止，但在压制下仍然传布迅速，先后蔓延到河北、山东、安徽、江苏、浙江、江西、福建、台湾等省，成为当时最有影响的民间秘密宗教之一。在传布过程中，罗教形成了许多支派，主要有无为教、大乘教、老官斋教等，其中无为教、大乘教在运河粮船水手中传布最为广泛，杭州拱宸桥一带粮船水次之所就建有许多罗教庵堂，至雍正初年，其数已达70余所。苏州也建有许多大乘教庵堂。这些庵堂，既是罗教与大乘教传习的中心，也是水手返程后及年老病残水手安歇栖居之所。从雍正五年至乾隆三十三年（1727～1768），清政府先后在浙江、江苏、江西、福建等地连续数次查禁罗教，在改庵堂为公所难以奏效后转而彻底禁毁庵堂。

从此，罗教即由陆地转移到粮船之上，在老堂船设立罗祖画像，作为水手船帮的习教中心，并由此逐渐形成了漕运水手的行帮，道光以后又进而演变成为后来著名的青帮。

八卦教是清代最有影响的白莲教支派，源自明代活动于河北、河南、山东的一支白莲教派收元教。继收元教衣钵，单县人刘佐臣于康熙初年创立五荤道收元教，自号教主，以不戒五荤而又能普度众生收元结果相号召，因而名其教"五荤道收元教"，"山东河南多有徒弟"。因其组织分为八卦收徒，又被称为八卦教或八卦会，原名反而渐隐。据《八卦教理条》的解释，世界是按乾、坤、震、巽、坎、离、艮、兑八卦分为西北、西南、正东、东南、正北、正南、东北、正西八个方位，八方围绕中央，"八卦即八宫，加以中央为九宫"。八卦教就以此八个方位排定组织分支和活动地区，以刘姓教主居于中央宫之位，统领各卦，各卦卦长真人由刘佐臣弟子担任，教主及卦长世袭，成为一个组织结构十分严密的封建宗教团体。到乾隆中叶，八卦教的势力已扩展至直隶、山东、河南、山西等省，成为华北地区最大的秘密宗教组织之一，并且此时各卦均已立教传布，相对独立，其中离卦由河南商丘郜云龙子孙掌领，活动于河南；震卦卦主王中，传教中心在山东菏泽，势力及于山东、河南、直隶、苏北；坎卦卦主张柏，传教中心在直隶容城，另在大兴和山东各有分支。上述离、震、坎三支为八卦各教中势力较大者。其他艮、巽、坤、兑四卦分由山东金乡张玉成父子、单县张炎兄弟、冠县李坤先及东明陈善山兄弟掌理，传习范围基本就在山东，乾卦卦长为河南虞城张宝。嘉庆以后，八卦教在北方更为盛行，唯组织渐趋分化，支系派别纷纷出现，除先前已有的清水教、九宫教、义和拳等组织外，又出现了如意门、好话教、一炷香离卦教、先天教、皈一教、金丹八卦教、天龙八卦教等众多的名目。

清代的八卦教及其支派，具有浓厚的尚武精神与习武色彩，不少八卦教组织皆习拳练艺，并以此掩盖布道活动，有效地发展组织，如八卦教的支派清水教、义和拳、离卦教以及此后出现的大刀会、金钟罩八卦教等，这为它们后来掀起席卷北半个中国的义和团运动提供了便利的条件。

 丐帮、贼帮等其他的江湖帮派

在土地兼并与人口激增压力下，从正统社会组织中游离出来的流民，除了入会进教者外，还有相当数量的人或上山落草，抢劫为生；或游医相命，聊为糊口；坑蒙拐骗，偷吃扒拿，打架斗殴，为害一方；或流落街头，乞讨度日。这些人在社会夹缝中谋生存的过程中，群分类聚，创造出了各种各样的江湖帮派组织，其中尤以乞丐、盗贼的组织为多。

清代乞丐人数众多，除季节性外出乞讨的流民而外，相当部分都是职业乞丐，在他们中形成了各种各样的丐帮团伙，组织严密，等级森严，多数均以虚拟的血缘关系来作为维系团体的纽带。嘉、道时期，丐帮组织中影响较大的当数江西的边钱会、湖南的丫叉会、闽浙赣交界地区的花子会等。

边钱会的创立人王瞎子，曾参加过担子会，以乞讨为生，嘉庆十年（1805），王纠得乞丐40余人在江西临川结拜弟兄，被推为首领，称头肩或大老官，以下二肩、三肩依次排列，等级极为森严，最小为"老满头"，专门负责探听官府动静。会中联络以半边钱作为暗号。一半为行令，一半为坐令，作为会内聚散通信之凭据，类似古代调动军队所用的虎符，"边钱会"之名即由此得来。会众主要都是乞丐或鸡鸣狗盗之徒，结拜时，乞丐出米一升，盗贼出鸡一只及钱一二百文。会内规定，只许偷窃，不得强劫，不许放火杀人，若有违犯，由老大问明责罚。其年轻力壮者，"偷窃勒赎"，弱者则结伴强乞。边钱会在江西势力很大，从嘉庆十年到道光十六年（1805～1836），仅破获的边钱会案件即达7起，有的甚至发展到使"各乡每年或出钱一二千文，或米二三斗，分节付给，作为常规"。道光年间，边钱会已传至贵州，并有苗民参加。但贵州几支边钱会的大哥如王朴头、黄昌金等人，均被称为帽顶，似已染上啯噜、哥老会的某些色彩。

在湖南，以乞丐、窃贼为主要成分的帮会组织为边钱会的支派红黑会，会众出外行窃，如事在夜晚称黑会，其余多为红会，会内通信凭证也是用半边钱。此外在湖、鄂、赣、闽、浙、粤等地还有各种名目的乞、盗组织，如孤老会、沙包会等等。这些乞丐、盗贼的帮会或强乞或偷盗，形成一股势力，对社会构成威胁，对一般群众生活造成危害，像浙江绍兴的钩刀会，人手钩刀一把，对百姓肆意派勒，稍不如意，即打抢劫夺，奸淫烧杀，成为为害一方的地方恶势力。在社会出现大的变故、动荡之时，他们往往极易转化成为强盗、土匪，加入公开对抗正统社会的行列。

概括而言，对于鸦片战争以前清代秘密社会的发展有以下几点认识。

第一，由于有清一代传统的封建社会贫富分化、土地兼并的现象依然存在，而人口激增、流民日重的情况比前代更为严重，特别清王朝是以少数民族入主中原，民族矛盾又掺杂其间，种种因素纠合在一起，就使得这一时期秘密社会的组织、活动与此前历朝历代相比，可谓空前活跃。

第二，清代中前期秘密社会的发展，经历了一个从萧条、复苏到发展、兴盛的历程。顺治时期，由于战乱频仍，经济凋敝，广大下层群众衣食无着，连生命也难有保障，无力顾及烧香礼佛、结党立会，因而这一时期的秘密社会相对少见，仅有少数明末延续下来的秘密教门与少数异姓结拜弟兄的组织存在。从康熙中叶起，社会经济逐渐恢复，原先无地少地的农民获得了土地，并拥有了少量财产，为了躲避天灾人祸的袭击，保护既有的一切，一些人开始求助于秘密教门，期望通过茹素食斋、礼神拜佛来驱灾祈福，于是不仅昔时的秘密教门得以复苏，一些新的教门如八卦教、大乘教等相继出现，并随着时间的推移不断发展、蔓延。雍、乾时期，一面是"盛世"繁荣，另一面是贫富分化，加上天灾人祸、人口膨胀，越来越多的农民涌入城镇市圩，流落异地他乡，加速了秘密会党的产生和发展，父母会、啯噜会、天地会等应运而生，并迅速流传。至嘉、道年间，人口问题更加突出，秘密社会的成员越来越众，名目越来越多，组织日渐完备、成熟，对政府的威胁与潜在的能量也越来越大。

第三，在这一时期秘密社会发展的过程中，有几个现象值得注意：一个是从秘密社会地域分布的情况看，有南方多会，北方重教，长江流域会、教并存的特点；二是随着时间的推移，原本各自独立发展的秘密会党与教门逐渐互相影响、互相渗透、互相融合，至嘉、道年间，后起的会党发展迅猛，教门的传布出现了潜在的危机，一些教门日益和会党融合，或是采用会党的形式，向会党方面转化，青帮从罗教中的脱胎、青莲教向棒棒会的转化，都说明了这一趋势。

第四，各种秘密社会组织水平参差不齐。有单纯的糊口求生、互济互助者，有消灾祈福、自卫抗暴者；其中虽然不乏"劫富济贫"的侠义之士，逐渐走向政治的有识之士，对地主富商、封建王朝形成严重的威胁；但也有不少有着为害社会、作恶百姓的类似黑社会的行径，对一般民众的生命财产与生活安定带来危害。

各种民间秘密社会组织的蔓延与融合，使得嘉、道年间的中国社会充溢着动荡不安的气氛，蛀蚀着封建经济的根基。秘密社会内在的叛逆因素一旦为富有政治经验与抱负的有识之士所利用，就很容易生发出具有政治性质的武装起义。中国的秘密社会已经为其步入晚清走向其最具生气的辉煌一页做好了准备。

二 风起云涌：太平天国时期
秘密社会的起义

　　1840 年爆发的鸦片战争，最后以清王朝与英国订立不平等条约的可耻失败而告终。它对于近代中国社会的发展产生了重要的影响，从此中国社会除了原有的阶级矛盾、社会矛盾、民族矛盾不断激化以外，中华民族与外来侵略势力之间的矛盾又日益尖锐，这些矛盾互相交织、互为影响，震撼着清王朝的腐朽统治，也使得以游民为主体的各种秘密社会组织空前地兴盛、活跃起来，太平天国时期是中国秘密社会发展旺盛的第一个高潮。

 鸦片战争后秘密社会的
兴盛及其活动

　　鸦片战争带给中国的恶果除了政治上的丧权辱国，经济上的巨大破坏与损失以外，还包括一系列严重的社会问题，流民的剧增是其一。战争的大宗军费、巨额赔款层层转嫁到群众身上，苛捐杂税压垮了许多穷苦农民，把他们抛入流民大军；土地兼并、天灾人祸、吏治腐败、银贵钱贱，大批百姓无以为生，沦为流离失所的饥民；由于五口通商，外贸重心逐渐北移上海，使得广州经北江、韶州至江西、湖南，广州经西江、广西到湖南以及广州到福建武夷等线的交通运输随之衰退，大批从事运输的劳苦大众从此失业；随通商口岸的发展而云集的外国商船不仅独占中西贸易的运输，而且日渐影响、排挤东南沿海旧有的沙船，大量歇业的船民"衣食无资，流而为匪"；英国对华大量倾销棉纺织品，严重影响了通商口岸附近地区的棉纺织业，许多手工业工人生计日蹙，被迫外流；战争结束，清政府大量裁撤兵勇，也使他们加入了流民队伍的行列。种种因素纠合在一起，鸦片战争后流民人数激增，问题日益严重。

流民是秘密社会的主要来源，众多的破产劳动者离乡背井，四处流浪，他们找不到正常的谋生之路，生活上孤立无援，精神上惶恐不安，纷纷投入秘密社会，"如水赴壑，随处风靡"。这就使得中国的秘密社会在进入近代之后，以前所未有的速度、规模更加蓬勃发展，"到处均有邪教、会匪，各立名目，煽惑乡愚，胁从既众，蹂躏尤多"。在南方，以天地会为主体的秘密会党已遍布两广、闽浙、湘赣、云贵等广大地区，《平桂纪略》中记载，仅从道光三十年至同治八年（1850～1869），广西一省就有"会匪"团体1000个以上。在北方，以白莲教为主体的秘密教门，已活跃于整个黄河流域、两淮地区，并蔓延到长江以南的许多地方。

秘密社会的人数多了，势力大了，活动也就更加频繁。

首先，各种帮会组织四出打家劫舍，致使土匪、盗贼活动日益猖獗。福建"担匪肆行"，"丐头包盗"。四川啯噜"党羽纵横，日甚一日"。其他如广东、广西、山东、山西、陕西、江西、湖南、湖北、河南、安徽等等，均不安宁。即使是长江下游的江苏，也有多种匪徒托足，如上海之闽广游民、苏松常镇之土匪棚民、淮扬徐之捻匪盐枭与跟随漕船之水手青皮、以船为家之渔户流丐，"防范稍疏，每虞滋事"。特别是投入秘密社会的散兵游勇，由于其掌握一定的军事技术，有一定的组织，比较其他流民帮会更具有好斗性和破坏性。匪、盗活动毁商扰民，为害社会，但它也牵制了统治者的注意力，打乱了封建统治的秩序，甚至瓦解了一部分地区的统治机构，一定程度上为此后大规模农民起义的爆发创造了条件。

其次，一些秘密社会成员加入鸦片贩运行列，甚至形成专业的帮会组织，如江西有"贩烟互助"的"红会"，广东有"以护送鸦片为事"的失业水手组织，"各自列号分帮，福建帮名为太平，广东帮名为长生，每帮各有头人，衣扣各系记认，私带鸦片，行销江西"。这批寄生于鸦片贸易的秘密社会分子后来发展成为走私贩毒的社会毒瘤。

最后，以秘密结社为中心的各种形式的群众反抗斗争，此起彼伏，愈演愈烈。据统计，在嘉庆初年，秘密社会的起事平均每年有 10 次左右，而到了道光末年平均每年发生 100 余次。总计从 1836 年至 1855 年的 20 年间，以秘密结社为中心的人民反抗斗争即达 1217 次，矛头主要指向封建官府，但也有针对外国侵略势力的。

金田起义前夕南方天地会和青莲教的斗争

从洪秀全、冯云山进入广西桂平发动群众、准备起义，到 1850 年金田起义爆发，这是太平天国起义的准备期，也是南方天地会和青莲教发展、起义的高涨时期。两广总督徐广缙曾经奏称，两广天地会已啸聚成群、联成一气，有数千、数万之众，蔓延左右江数千里之间。1845 年，天地会首领邓立奇、钟敏和在广西藤县竖旗举义，卢山哲等在隆安县起事；青莲教徒在广东蓝山县武装攻城，又在江西宜春、湖南湘潭聚党集议，商拟举事。有人统计，从此时开始迄 1850 年底金田起义前夕，两广湘赣一带天地会员和青莲等教徒众较大的起义即有数十起。如果大、小股统算，那么在此一时期紫荆山金田一带的秘密社会起事即有：在东部，有陈亚贵、罗大纲、苏三娘、张钊、田芳等著名的天地会部队和"艇匪"罗亚丙、任文炳等部的起义；在西部，有陶八、黄日免、颜品瑶、颜八、李四、潘宝源、覃上养、张嘉祥等天地会部众的起义；在南部有天地会何明科、北部有天地会罗竹凤、何崧

17

等部和青莲教雷再浩、李源发等的起义，其中影响较大的要算陈亚贵、张嘉祥、雷再浩、李源发四次起义。

陈亚贵是广西武宣县人，很早就成为当地天地会的首领。道光二十六年（1846）参加任文炳的艇军，并与罗亚丙、张钊等联结，横行浔江流域。两年后他离开艇军，自在武宣竖旗起事，与清军周旋于武宣、象州、桂平一带。道光二十九年末，陈称王，打"顺天行道"大旗，拥兵数千，均头包红巾，战马、大炮、刀枪、弓箭等军械齐备，不断攻略出击，声威大震，进兵柳州，广西提督闵正凤不敢出战。在攻下修仁、荔浦县城后，兵锋所指，直接威胁省城桂林。后因清廷集结重兵阻击、围剿，不幸于道光三十年冬兵败，陈被团练捕获牺牲。陈亚贵起义前后历时五年之久，活动地区遍及广西浔州、平乐、庆远、柳州、桂林等10余个州县，先后与其联结、响应举事的其他天地会组织有二三十股之多。

张嘉祥原籍广东高要县，后迁广西贵县，佣工为生，是天地会员，也是在道光二十六年聚党数百第一次举义，失败后逃入钦州十万大山。道光二十九年，张复起，以"劫富济贫"相号召，设立怡义堂，重建武装活动基地，大败前来进剿的清军，周围天地会组织纷起响应。后张嘉祥虽率部向署理巡抚、布政使劳崇光投降，但其他各部天地会仍然坚持斗争。陶八转战上林、武豫、思恩等地，黄日免统领5000部众打下宾州，颜品瑶率万人攻克隆安，颜八、李四进占来宾，潘宝源攻陷龙州，覃上养拿下迁江，一时形成一股巨大的起义浪潮。

雷再浩是湖南青莲教的重要基地新宁雷氏家族的成员，道光二十七年创立棒棒会，谋划起事，因事机不密，遭清兵突然袭击，危境中雷率部转战湘桂边界，曾于桂北大败清军。但终因众寡悬殊、部将叛变而兵败被俘，起义失败。曾在雷手下任职的新宁同乡李源发大难不死，发誓为雷报仇。道光二十九年秋，李创立把子会，3 个月后即率徒众 300 余人攻下新宁县城，击毙知县，扩军至千余人。清政府檄调湘桂官兵 3000 余前来镇压，新宁豪绅刘长佑、刘坤一亦组织团练帮助围困。起义军在坚守县城月余之后，雨夜突围，进军广西，沿途招兵买马，将队伍扩至二三千人，并乘清政府撤换湖南巡抚、提督，部署未定之际，转战湘桂边界，一度进入贵州，瑶、壮、汉各族人民和广西天地会众踊跃加入，队伍继续扩大，楚粤交界的天地会组织也多乘机发动。清政府调集湘、鄂、桂、黔四省兵力，由湖广总督裕泰、湖南提督向荣亲自指挥，“节节围剿，步步为营”，经过半年多的围追堵截，才将起义镇压下去，李源发受伤被俘，解送北京被凌迟处死。

众多的天地会、青莲教部队相继造反、举义，虽然政治反抗的色彩尚不浓重，组织、规模、斗争水平也都有欠缺，有些明显地就是打家劫舍、占山为王。但是，正是这些分散、独立的组织在不断的起事、造反过程中，彼此呼应，互相联络，甚至协同作战，从而出现了渐渐走向联合的趋势，为咸丰年间（1851 ~

1861）广西天地会由一般的"股匪"造反发展为有一定规模的反清武装起义奠定了组织基础。同时，连续不断、遍地开花的起事，严重打击和削弱了湘桂粤黔一带的封建势力，牵制、吸引了清军官兵，使他们在相当一段时间内，未及注意洪秀全等的拜上帝会活动，为金田起义的准备和发动起了至关重要的掩护作用。更为重要的是，这一时期天地会、青莲教的起义，还在思想上、组织上、制度上、战略以及战术上为太平天国提供了宝贵的经验和教训。天地会中兄弟平等、有财均享等观念，一些成功的战略战术以及不少隐语暗号都为太平军所继承和发展。特别是许多天地会众都直接加入拜上帝会，参加金田团营，如秦日纲带到金田的 1000 多龙山矿工大多是天地会员，为金田起义的发动作出了直接的贡献。

太平天国影响下秘密社会的举义

1851 年 1 月，太平军在广西桂平县金田村起义，拉开了中国近代史上波澜壮阔、历时 14 年的农民战争序幕。从此，太平军入两湖，攻武昌，下长江，定鼎金陵（即南京），北伐、西征，将反抗封建政府的烈火燃遍大半个中国。受太平军起义的激荡，原本就十分活跃、举事不断的秘密社会更是干柴烈焰，遍地生烟，并随着太平天国起义的爆发、高涨、衰败而躁动、升腾与回落。在第一个阶段，从金田起义至 1853 年东下金陵，秘密社会活动的状况大致有四种情形。

一是加入太平军行列，为太平军输送了大批有生力量。金田起义之初，即有一些天地会队伍前往投奔，如苏三娘、罗大纲等均是率所部数千人集体参加太平军。1852年4月，太平军由广西进入湖南，在蓑衣渡遭清军伏击，遭受重大损失，兵力锐减，士气低落，是湘南天地会和斋教成员的踊跃加入，才使得队伍迅速得到补充并扩大。据李秀成在《自述》中说，仅在道州、江华、永明一带，即"足有两万之数"，"入郴州亦招得二三万众，茶陵州亦得数千"。江忠源、曾国藩等也说，自太平军进入永州，"土匪之迎降，会匪之入党，日以千计"，"凡入添弟会者大半附之而去"，两三个月的时间，由四五千人迅速发展到10余万众，"势遂复炽"。太平军战长沙、克益阳、取岳州，又在这一带吸收了大批秘密社会的徒众，其中有数千人是船民、水手、纤夫，加上先前投军的矿工会党分子，太平军发挥所长，分别组建成土营、水营，为攻城略地、东下江南发挥了重要作用。1852年底，太平军由湘入鄂，湖北崇阳、通山、通城、蒲圻、大冶等地的教门和会党群众，闻风附和，与广大贫苦农民一起，成千上万地投入太平军行列，当1853年1月太平军攻克武昌时，人数已激增至50多万。除了踊跃投入太平军外，各地秘密社会组织还有一些假借太平天国的名义大肆活动，有的贴太平军告示，有的称受东王的札谕"劫富济贫"，有的号召人们与起义军同心协力，共襄义举，有些干脆就打"太平天国"的旗号，难怪曾国藩要骂他们"甘心从逆，动辄贴粤匪之伪示，张太平之逆旗"。显然，太平军之所以能迅速壮大和顺利进军，秘密社会成员的大量投入与积极推助功不可没。

二是乘机举义，以各种形式反抗封建政府，既发展了自己，也不同程度地声援了太平天国政权。金田起义后，湖南斋教徒在朱幅隆等的领导下，与广东教徒联合，聚众起事，因事机泄露，被清兵击散。丐帮组织沙包会在宜章人王萧氏统领下起事，转战湘粤，击毙清军守备、千总，失败后仍在曲江一带坚持斗争。太平军攻占道州，宁远戒严，当地的起义武装"乘风窃发，纠集数百人"，假太平军声势，突来攻城。1852年12月，江西边钱会首领李运红乘清军调防湖南镇压太平军之际，在崇仁举事。攸县斋教徒何奇士等也率众起义。此外，长沙、岳州、永州、衡州、桂阳等府、州"均有匪徒乘逆贼攻扑省城，结党横行，劫掠乡里"。武昌府和黄州府一带，秘密社会分子则带动农民起来抗租抗粮，通城接连爆发抗粮、烧毁衙署的巨案，崇阳、嘉鱼有以刘立简为首的抗粮斗争，广济县也发生了聚众抗粮、焚署戕官的事件。大量民间秘密结社的闻风而动，群相举义，分散、牵制了清军官兵，为太平军的胜利进军提供了有力支援。

三是还有一些内部组织严密、雄踞一方的秘密社会组织或势力既不参加太平军，也不起义，而是乘机固结其旧有的组织，坚持其习惯的活动方式，冀图以此来保住他们的既得利益。如浏阳周国虞为首的征义堂，起自道光初年，原号忠义堂，凡法术、书数、占卜、星相以及略通天文、地理有一艺之长者，均收入伙，"其差三等：曰勇力，曰口辩，曰书算，非是不录"，入会者先令出制钱一文，报名登簿，令入暗室，给饮符水一碗，然后命将头伸入瓦瓮内盟誓永不悔改。会中记认随时更换，初以红绳作汗衫纽背辫为暗记，后改易他物。每年按簿点名。1842 年湖北钟人杰抗粮暴动，周国虞以防堵起义军为名，发起并纠集徒众制械练武，改村内社庙称征义堂，作为教习之所。后人数渐多，势力潜长，"常恃众欺凌乡里"，1846 年遭地方官查禁，堂众解散，征义堂也被改为蒙童学堂。太平军入湘，浏阳县举办团练，周国虞乘机再借团防之名，复兴征义堂名目，并扩大组织，分设新老堂 18 处，会众多达 2 万余人。尽管周国虞也曾同太平军潜通消息，多有联络，并向进攻长沙的太平天国西王萧朝贵提供清军布防详情，使太平军一举歼灭长沙清军 2000 余人，但他及手下部队均没有参加太平军，只是借此复兴组织，维持利益，扩张势力而已。其他如串子会、红黑会、边钱会、一股香会等丐帮、贼帮的组织，也都依然故我，照样干他们的老营生。

不容否认，也有一些秘密社会的组织或其成员或在地方团练或加入清军队伍，助纣为虐，帮助清兵镇压太平军起义。如金田起义后清政府在广东、广西招募来镇压起义的数千壮勇多数均是天地会员。又如前面提到的天地会部队中的张钊、田芳等部，张嘉祥及其手下，"艇军"的一些分支，均在一度投奔太平军后转而投降清军，给太平军带来严重的威胁。特别是张嘉祥，降清后改名张国樑，因镇压太平军有功，累升至江南提督，二等轻骑都尉，成为太平军最凶恶的敌人。1860 年张在同太平军作战时溺水身亡，清廷赠谥"忠武"，归列"中兴名将"。这些秘密社会组织或成员是非不明、"有奶便是娘"的做法在近代秘密社会反帝反封斗争的辉煌一页上留下了污点。

1853 年 3 月，太平天国在南京定都，建立了农民政权，起义迅速走向高潮。受其影响，各地秘密社会群众的斗争也别开生面，从此进入了一个新的发展阶段。一方面表现为秘密社会发动的起义不仅数量多，且规模之大、坚持的时间之长都超过了以往任何时期；另一方面，斗争的水平也有了较大提高，普遍地称王建政，封官开国；普遍打起太平天国旗帜或改用"太平"称号，不同程度地承认太平天国的领导地位；斗争的纲领和目标有了明显的进步，提出了减免赋税、均分土地等要求，组织纪律也得到了加强；担负起了反对外国侵略的任务，对列强的干涉、破坏进行了坚决的斗争。

这一时期秘密社会发动的比较重要的武装起义主要有以下一些。

1853 年闽南小刀会起义 闽南小刀会的名目由来已久，最早见诸文字记载在乾隆七年（1742），因会员佩带小刀而得名。厦门开埠以后，随着贸易重心由广州移向上海，外国商船对沿海沙船业的排挤，使闽南、粤北一带的商人、运输工人境遇大受影响，社会矛盾日益激化，各种各样的人群相继被抛入到秘密社会的队伍之中，小刀会的组织成分、社会功能均多样化、复杂化了。农民、商人为免遭抢劫，入会"藉保身家"；无业游民图入会可以结伙截抢，"横行郡县"；地主殷绅利用小刀会逼租佃细，鱼肉乡里；归国华侨进会多成为骨干、领袖人物，借此提高社会地位与影响；失意的知识分子也试图通过小刀会伸展自己的抱负。

1852 年，海澄县江源、江发兄弟由南洋归来，广结小刀会，巨富黄德美加入后，声势益盛。海澄知县汪世清知悉后逮捕、处决了江氏兄弟，并紧追不放，企图赶尽杀绝。情况紧急，小刀会退亦不能免祸，乃在黄德美、黄威的率领下，揭竿而起，于 1853 年 5 月 13 日夜乘汪世清外出之机，一举攻克海澄县城。次日，龙溪、江东地方的小刀会众数千亦起事攻城，俘获知县与江东司巡检。17 日，小刀会进占漳州、长泰，击毙总兵曹三祝，并连夜乘船进袭厦门，清兵中的小刀会员打开城门，城内小刀会群起接应，到 18 日下午，小刀会完全控制厦门。其他同安、安溪、漳浦、云霄、铜山、南靖等地秘密会社亦纷起响应，起义风暴席卷闽南地区。

在厦门，小刀会组织政府，年号天德，黄德美号称"汉大明皇帝"敕封的统兵大元帅，并效法汉高祖入关约法三章的故事，约禁五条，深得群众爱戴。小刀会不仅对百姓秋毫无犯，对外国商人也尽力予以保护。军饷来源主要靠原藏官库、官仓中的钱米，摊派富户和群众的捐献，以后还订立了征税措施。对于闽南地区盛行的宗族械斗，也力图秉公处理。

清军在初期的惊慌失措之后，重新集结反攻。6 月初，咸丰皇帝正式下令调集粤、浙、赣三省清兵驰赴闽南，在地主团练的配合下，清军先后夺回了漳州、安溪、同安、漳浦、云霄等地，进而围困厦门。清军并利用福建地区势力强大的宗族与宗族之间的矛盾，招募义勇三四千人，对小刀会成员集中的地区以及厦门周围支持小刀会起义的各乡进行分化瓦解。到6月底，小刀会各处据点丧失殆尽，厦门义军向海上发展失败，从此株守孤城。至11月，小刀会弹尽粮绝，不得不撤离厦门，黄德美不幸被俘牺牲，黄威率船队退转海面，游弋于漳州、厦门、台湾和广东洋面，一直活动到1858年。

在闽南小刀会起义的同时，海峡对面多由漳、泉移民组成的台湾会党也纷纷"谋起响应"。1853年6月5日，台湾中、南、北三路会党同时竖旗起义，至6月8日清晨，起义军由东、南、西三面围攻府城，台湾府内外交困，一夕数惊。后来清政府使出惯用伎俩，利用漳、泉与粤籍居民之间的矛盾，"谕粤民分路协剿"，牵制、削弱了会党势力，到8月初，各路起义军相继瓦解。起义将士1197名被俘，其中632人被凌迟处死，512人枭首示众，得免一死的仅有53人。

闽中红钱会起义　红钱会是天地会的支派，嘉、道时期在福建出现并迅速蔓延开来。因会内以描红铜钱作记认而得名。1853年闽中地区发生大饥荒，加之闽南小刀会起义，社会空前动荡，永春武生林俊以"救民除暴"相号召，联络红钱、乌钱等会党发动起义，周边各县纷起响应，先后占据大田、永安、沙县、德化、永春等州县，并围攻延平府城。后转向兴化、泉州地区发展，联络了泉州陈湖乌钱会数千人以及莆仙地区的乌白旗、斋教徒，谋攻仙游，但因福建巡抚王懿德亲驻泉州、派兵增援仙游而暂缓。不得已，义军回师于9月11日二克大田，调动清军西上，然后林俊率众杀回马枪，突袭仙游，一举成功，切断了福州与泉州之间的通道，并进而向周边地区拓展，着手建立政权，打出了大明圣祖皇帝的旗号，建元"天德"，改仙游为兴明，以当地很有势力的潘姓大族首领潘宗达为署县令。但很快，11月27日，清军攻克仙游，林俊被迫转移，在永春、仙游之间游击、藏匿，"聚则为贼，散则为民"。直到1857年春，太平军入闽，红钱会众再次大举集结，林俊并以太平天国"英烈王"名义相号召，声势复振。但随着六七月间太平军退出福建，形势又急转直下，1857年8月，林俊不得不率部北上投太平天国，可惜中途为地主团练截击，林不幸牺牲，余部辗转投入太平天国翼王石达开帐下。

上海小刀会起义 上海开埠以后，迅速成长为对外贸易的中心，吸引了大量外地的商人、买办、运输工人以及各种各样的游民，客籍居民日益增多，以乡土关系为纽带的乡帮逐渐发展起来，作为乡帮议事机构的会馆也越建越多。嘉、道年间，上海的乡帮会馆广东帮有潮州、潮惠会馆，福建帮有建汀会馆、点春堂，江西帮有江西会馆，浙江帮最多，仅宁绍帮就建有浙绍公所、四明公所、浙宁会馆。与行帮纯以行业范围区分不同，乡帮以地域、乡谊为划分标准，几乎与在沪的所有同乡人发生联系，自然也就成了各地游民的托庇之所，于是其有乡土色彩、以乡帮为依托的各种秘密会社也就在其中发展起来，活动于湘赣的边钱会也出现于江西帮，活跃于两广的天地会集中于粤帮，流行于福建一带的小刀会则被带进了闽帮。在太平军建都南京的高潮中，这些外来帮会与上海土著的罗汉党、庙帮、塘桥帮、百龙党等一起，最终形成了统一的上海小刀会。

1853 年 9 月 7 日，上海小刀会一举攻占上海县城，杀死知县，俘虏道台，建国"大明"，以原广州帮中的天地会首领刘丽川为大元帅。刘丽川宣布"奉行太平王的法令"，派兵北上进攻太仓，以期取得同太平天国的联系，并派人上表洪秀全。由于清军的封锁，小刀会、太平军未能直接联合起来。

小刀会在占领上海县城之后，内部的帮派斗争同时也就开始并日趋激烈。势力较大的闽、广两帮围绕对粤籍上海道台吴健彰的处置和道库 40 万两白银的处理等问题，你争我夺，互相牵制。小刀会在政治、军事上的地位很快陷于被动：清军从江南大营抽调人马组织"南、北二营"；被美国人救出的吴健彰雇募兵勇封锁黄埔江面；列强也撕下中立的伪装，在"劝告"小刀会撤围失败之后，法、美、英三国分别在各自的租界与县城交界地方筑造封锁墙，小刀会的外来接济完全断绝。长期处于被封锁状态下的小刀会士气日益低落，内部的斗争则格外加剧。1855 年 2 月 17 日（咸丰四年除夕夜）不堪饥饿的起义军不得不放弃县城，分路突围。刘丽川不幸遇难，残部由潘起亮率领投奔了太平军；闽帮小刀会在突围后到江西与广东来的天地会会合，不久也加入了太平军。上海小刀会起义经历一年半的风雨苦旅，终于在中外反动势力的联合镇压下失败了。

广西天地会的升平天国 1854 年，随着广西天地会造反形势的发展，以及湘粤两省天地会队伍的入桂，在广西出现了一系列的天地会政权，影响较大的有朱洪英、胡有禄领导的升平天国。

朱洪英为湖南东安人，胡有禄籍隶广西武宣，两人都是老天地会员。1852 年，他们在广西南宁起义，次年进兵永明、宁远。1854 年又克恭城、灌阳，并在灌阳建立了升平天国政权，朱洪英称"镇南王"，胡有禄为"定南王"，以"太平天德"为年号。为了巩固政权，朱、胡以全力进攻全州、兴安等灌阳周围的战略要地。1855 年 5 月，为与太平天国天官丞相罗大纲会合，朱、胡又北上湖南，攻克东安县城，但被清军大队围困，起义军延至 9 月被迫突围，损失惨重，胡有禄被俘牺牲，朱洪英转战桂粤，1856 年 2 月亦在永明被俘牺牲。

广东红兵起义 广东受鸦片战争的影响最大。战争结束后，大批被裁撤的兵勇、贸易重心北移带来的大量失业工人、因连续的天火人祸不断壮人的破产农民队伍，使广东秘密结社迅速发展。太平军金田起义前后，广东天地会曾有所动作。太平军占领南京后，据说洪秀全曾多次派人回粤联络起事。福建小刀会起义爆发后，广东方面又抽兵派粮，"本省情形益发空虚"。1854 年夏，广东各地天地会"约期皆反"，广州、惠州、潮州、韶州、高州、廉州、肇庆等各府遍地开花，很快形成了 20 万大军会攻广州的局面，在广州城附近有李文茂、陈显良，佛山有陈开，其他广州府属的东莞、增城、三水、清远、新会、顺德等县都有天地会的队伍。起义军以天地会"洪"字为号，故称"洪兵"，又因头裹红巾，亦称"红兵"。各股红兵队伍由数百、数千至数万、十数万，力量有大有小，其中陈开、李文茂、陈显良、甘先等集结一处，以陈松为"总头目"，声势最盛。他们打出了天地会反清复明的大旗，集中兵力攻击广州，冀图推翻清王朝在广东的统治。同时又以"太平天国"为年号，表示了作为太平军同盟军的倾向。

进攻广州的红兵人数虽多，但仓促成军，缺乏训练，设有统一的领袖。由于奸细的出卖，陈松在起义爆发不久即被捕，起义军临时推李文茂做盟主，但李实际指挥不动参加攻城的其他部队，各军基本是各自为战。从 7 月 20 日围攻广州起，至次年 3 月 8 日大营为清军攻破止，红兵数十万人围攻广州，历时半年有余的大战役终告失败。陈显良沿北江进入粤北山区，甘先等北走湖南，陈开、李文茂率部沿西江进入广西，建立了大成国政权。

1856 年天京事变发生，太平天国的军事政治力量遭到惨重的损失，形势急转直下，起义从此走向衰败。尽管许多地方的天地会和教门群众的斗争还在高涨，他们仍主动设法联络太平军，继续打着太平军的旗号活动，但没有了太平天国政权的有力支持与掩护，小范围的会党起义已经难成气候。如在广东，1858年黄金笼设立"天善堂太平会"，汇集万人，一面与周围的各路天地会首领联络，一面寄信金陵，与太平天国暗通消息，但"尚未起事即被拿获"。在浙江，平阳人赵启创立金钱会，以金钱为记发展会员；诸暨人何文庆组织莲蓬党，以锡铸莲叶捧荷花的牌记为入伙凭证。他们都托名办理民间下层群众的团练，积极争取对地方事务的发言权和控制权，引发与士绅及官府的矛盾，演成起义。金钱会起义曾请求太平军给予支援，失败后赵启还曾率部加入太平军。莲蓬党起义更直接为太平军开辟浙东根据地作出了贡献。何文庆曾被太平天国封为志天义，在慈溪保卫战中，莲蓬党人还击毙了美国刽子手华尔。但随着太平军的撤离浙东、何文庆的病故，义军群龙无首，党徒纷散，很快也归于失败。

需要指出的是，在整个太平天国运动时期，秘密社会遍地生烟、此伏彼起的举义高潮中，也时时暴露出秘密社会一些难以克服的弱点。一是散漫无纪。不管是加入太平军，还是啸聚一方，他们一般作战都很勇敢，但自我约束的能力极差，越规犯纪是家常便饭，其中最多的问题就是劫掠。如浙江台州的十八党，加入太平军后，虽然表现勇敢，屡建战功，但纪律败坏，影响极为恶劣。再一个毛病就是反叛问题，不少会党组织的头领朝秦暮楚、反复无常，与秘密社会所倡行的信义道德大相径庭。以上海小刀会起义为例，先有副元帅林阿福的动摇，继有广东嘉应帮头目李绍熙的叛变，接下来是宁波帮头目谢应龙密谋值守之时让官兵架梯登城，后来百龙党首领朱同峰又叛变投敌，到最后甚至连刘丽川旧部也已不稳，有人谋划投降献城。无纪与无常，销蚀了秘密社会的巨大能量，使他们最终难成大事。

太平天国失败后，洪秀全的拜上帝会销声匿迹，但各地的会党和教门组织仍在极端困难的环境中集结力量，坚持斗争。而随着列强侵略的加剧，民族矛盾的上升，各地的秘密社会活动开始逐渐转向，多数致力于反对外国教会势力的斗争。

三　后来居上：青红帮的
兴起与活动

太平天国失败以后，中国秘密社会的组织、分布与活动特点都发生了很大变化：天地会已难以再现昨日辉煌，只在华南、西南保有相当势力的影响；长江流域崛起两大帮会组织——青帮肆行于长江中下游，哥老会称雄于长江中上游，成为后来的红帮。青、红帮声势日大，影响渐重，并在 19 世纪末叶渐渐合流，成为人们习称的"青红帮"。

 哥老会的崛起

哥老会（后来又被称为袍哥、红帮）发源于乾隆初年四川的游民团伙啯噜会，到嘉庆、道光年间，由于南方天地会势力的北移，与川楚一带的白莲教啯噜党势力相会合，它们之间经过相互渗透、相互融合，形成了哥老会的组织名目。也就是说，哥老会是以啯噜的组织形式为胚型，又吸收了天地会、白莲教等组织的一些特点逐步形成起来的一个民间秘密会党，它的大规模出现是 19 世纪 60~70 年代的事。

哥老会的组织制度也是咽噜、天地会与教门组织形式相融合的产物，比较复杂，且因地域、规模大小而略有不同。其基本结构，据平山周《中国秘密社会史》介绍，每个团体有山、堂、香、水、内、外口号。"每山之首领称正龙头。正龙头下有副龙头。副龙头下有坐堂、陪堂、刑堂、理堂、执堂，谓之五堂。别有称盟证及香长者，系举行仪式之际，临时增添，由五堂中人兼摄之。又有称心腹、圣贤、当家、红旗、巡风者，大抵皆为头目。头目之下，有称大九、小九、大么、小么、大满、小满者，皆是普通会员，各视其功而升转。于普通会员之外有八牌，均系身家不清白者，大都无人格，不能升转"。

虽然哥老会号称入会皆兄弟，但实际在各级头目与会员之间等级也是十分森严的。龙头（总堂）、五堂与盟堂、管堂一起，合称内八堂，是哥老会组织的上层统治者。内八堂分工明确，各司其职，遇有重大事件，如开堂放票、处决违规者，则由八堂共同协商，集体做出决定。内八堂之下有外八堂，实际是 10 个位子：心腹大爷、圣贤二爷、当家三爷、四姐（女）、红旗五爷、巡风六爷、七妹（女）、先锋（或花冠）八爷、江口九爷、公满十爷。由于人数众多，外八堂一个位子往往不止一个人，故又把一个位次分为一排，共分十排。为什么四、七两级头领必须是女性？据传是因为原四、七爷违犯规约被诛，"缺二做后"，发展到后来，约定俗成只能以女子任此二职。外八堂除心腹、红旗经过批准可吸收少量会员外，其余均无权发展会员。外八堂的人有功或表现好的，才可升入内八堂。

在哥老会中，一个帮会的诞生及其势力范围的确定是通过开山立堂的仪式来完成的。开山时，首先要遍请相邻各山头的寨主，有时还采取种种手段邀请地方士绅大贾，以便获得江湖和地方社会的承认与支持。开山仪式隆重而程式化，整个过程就像演戏，布置、摆设如仪，人们行礼如仪，从开山令、登堂令起，到金批大令、插烛令、安注令、心腹大令、么满打水令，还有什么阴魂令、巡风令、红旗令、斩鸡令、执刀令、插香令、扫堂令、请祖令、送祖令等等，种种繁文缛节，不一而足。

开山立堂之后，便可刊印飘布，发展会员，即所谓开堂放票。仪式与开山大同小异，但规模稍小，去繁从简。新吸收的成员，一般称"新贵人"，仪式之前必须给新贵人们每人准备一份"符帖子"，亦即票布，上印山堂香水、内外口号以及新贵人的姓名、出生年月日时。

哥老会会规严密，所要求的大多是理想化的封建伦理道德，先有《十条》、《十款》，后来还有《十大帮规》、《四条誓约》以及"八条处罚规定"，以此来约束会内兄弟。

除了对内的严密纪律而外，为了掩护活动，哥老会还有着一套极为复杂的隐语暗号，包括暗语、茶阵、手语和诗歌口诀等。熟稔这些隐语暗号，便可闯荡江湖,"千里不要柴和米,万里不要点灯油",走到哪里都能找到"自家兄弟"。

哥老会的发展速度惊人。据载,哥老会最初是在川、湘农村中活动,因政府招募军队镇压太平军而流入清军兵营,并很快在军中盛传开来。后来,遣散湘军等营伍,不仅未能消弭哥老会的活动,反而促使它更加广泛地蔓延传布,造成"各路之会匪声气相通,抗官拒捕,势渐不可剿"的局面。尤其湘军老家湖南,遣散回家的兵勇最多,因而也是哥老会流传最盛的地区之一。从同治六年(1867)起,湖南的哥老会举事作乱,连年不断,曾国藩在死前因此哀叹:"剿之而不畏,抗之而无术。"随着长江流域的被迫开埠和传统经济的遭受破坏,游民人数剧增,哥老会在长江流域飞速发展,势力已由长江上游下移,活动中心转移到长江运河沿线的码头和重要城镇。而且从组织形态看,立会规模较大,每会人数,少亦数千,多则数万,仅拥有较大实力的哥老会头目就有数十成百个,是清末流传最广、势力最大的一个秘密会社。

哥老会发展中的又一个变化是人们开始以"红帮"之名来称呼哥老会。过去,许多会党史论著中,把天地会等组织统称为"洪门"、"洪家"或"红家",常常与专指哥老会的"红帮"相混淆。实际上,"洪门"、"洪家"之词很早就出现,是统称天地会等组织的,而"红帮"一词则要到19世纪末年才出现,到民国以后才流行,用来统称哥老会。以"红帮"之名称呼哥老会,原因有两个:一是这时哥老会里确实出现了红帮山堂，如光绪年间江苏北部东海县盛春山主持的"春保山红帮"；二是由于哥老会势力已伸展到长江下游和运河两淮地区，与在这一带活动的青帮势力相会合。为了便于区分这两大帮会势力，人们就将哥老会包括这个系统的其他组织名目统称为红帮，以与青帮之名相对应。

 青帮的形成

如前所述，青帮原是清廷漕运水手的行帮组织。道、咸年间，清政府开始兴办海运，结果造成江浙水手再一次失业，数以万计的水手、纤夫，或投奔太平天国，或加入清军阵营，但更多的则汇聚两淮盐场，以贩盐、抢盐为业，并很快与原在苏北一带活动的盐枭集团"青皮"融合而成青帮，当时称做"安清道友"。

与红帮的"哥老会"就是"哥弟会"、兄弟会不同，青帮更加强调成员的班辈高低，每个成员都有自己的辈分，前辈与后辈之间的师徒关系是青帮成员之间最重要的关系，青帮就是靠师徒关系辈辈下传，有如家庭中父、子、孙的传衍一般，所以有人说青帮是一个"家长制"的纵向组织。但同时，青帮也强调同辈之间的义气互助，同参兄弟（即同一个师父的门徒）应有福同享、有难同当。因此，可以说，青帮是靠"师徒如父子，兄弟如手足"这一纵一横两层关系组织起来的。而体现这两层关系的，就是青帮的字辈，分前二十四字和后二十四字。前二十四字相传由罗祖拟订，实际是按罗教的字派排列：清净道德、文成佛法、仁伦智慧、本来自性、元明兴礼、大通悟觉。后二十四字据传为同、光年间续派：万象依皈、戒律传宝、化渡心回、普门开放、光照乾坤、代发修行。新中国成立前已经传到后二十四辈。后来还有所谓后续二十四字，只不过知道的人很少罢了。

加入青帮都有一定的仪式。一般先由引进师介绍，传道师指导，上香行礼，循其宗派，依序流传。第一道手续，是投门生帖，请介绍人代投到将拜的师父（即本命师）座前，听候察访。帖子上一般内容为"门生××，×年×月×日生，×省×县人，承××介绍，自愿拜在××老夫子座前，经身聆训，永供驱策"之类。如师父认为投帖人条件合格，就择其开小香堂，行拜师礼。小香堂有临时、正式之分。临时的仪式比较简单，堂供之祖，入帮者由引进师引进，然后由传道师主持仪式，焚香拜祖、拜本师、授帮规，最后焚纸送祖。正式的仪式相当讲究，场地、摆设、出席人数、请神香赞、拜师仪礼、传授帮规等都更加隆重正规，程序的要求更严。

开过小香堂，就可成为师父的门生，但还不能算做正式徒弟，帮内叫"一脚门里，一脚门外"。师父要对门生考察几年，才传给他"三帮九代"等帮中密约。直到上了大香堂（程序与小香堂类似，只是更为复杂、隆重），才算完成了拜师的第二步，门生"转正"，成为青帮的正式成员。

开香堂收徒弟，帮中叫喜事香堂。此外，在遇到其他一些情况时，有时也需要开香堂来解决，如开香堂讨论解决同道纠纷、帮丧助婚、集金分银等事宜，叫评事香堂。审问帮中犯规的人，公议处分办法叫刑事香堂。为师者因年事已高或其他原因要收大法永不收徒，开香堂宣告闭山，叫法停渡大香堂等等。凡此种种，使得开香堂不仅是青帮的祭祖、收徒仪式，更成为解决帮内事务和联络青帮成员的重要方式。

青帮的帮规，内容十分完备。"十大帮规"是其最主要的纪律：一不准欺师灭祖，二不准藐视前人，三不准扒灰倒笼，四不准奸盗邪淫，五不准江湖乱道，六不准引法代洮，七不准扰乱帮规，八不准以卑为尊，九不准开闸放水，十不准欺软凌弱。另外在投师收徒方面立有禁父子同拜一师、一徒连拜二师等"十禁"，个人为人处世方面或淫乱、偷抢等的"十戒"，孝顺父母、正心修身等的"十要"，以及"九不得十不可"、"安清三十六善"等等，多是十大帮规的补充和完善，其中不少有重复、雷同之处。

犯了帮规，将受到严厉的处罚。因此有"家法十条"，轻则责罚警戒，重则出帮、残伤肢休，甚至处死。

同其他秘密社会一样，青帮也用暗语、暗号作为成员之间联络的手段，青帮有许多密约，其中最重要的是三帮九代。青帮的每一个正式门徒都有引进师、传道师、本命师，这三师所在的帮（相传青帮有128帮半）即是三帮，三帮的师父、师祖、师太祖合计9

人，即是九代。一般地说，能够记住自己的三帮九代，就能证明你是帮内同道，跑码头时，码头大哥便会以礼相待，招待食宿，临行还送给到下一站码头的盘缠，因此，三帮九代被视为青帮门徒的终身饭碗。当然，除了三帮九代，他最好还应再掌握一些"江湖参交问答"，这样才能更好地与各码头的青帮同道相联系，只要你与当地码头的青帮接上了头，无论公事私事，码头老大都会尽力招待。所以，青帮的歌词说："出门在外挨了打，露露家理沾沾光。若是缺了盘缠钱，凑上几吊你还乡。或者摊上小官司，众人拔钱你上堂。阴雨连天困住你，十天八天住不妨。天下大雪挨了冻，众人拿钱制衣裳。"青帮的这种经济上互助、生活上互顾的功能，与家法、家礼一起，成为维系青帮发展的重要手段，也是游民们趋之若鹜的重要原因之一。

青帮在两淮站稳脚跟后，迅速向长江中下游一带的城镇乡村蔓延开来，数十年时间，很快成为安徽、江苏、浙江最主要的帮会之一，并逐渐形成了一股不容忽视的社会势力。

 3　青、红合流及其活动

从上列的介绍，我们不难看出，无论从历史源流或是组织结构、礼仪规范，青、红两帮都相差甚远。但为什么过去江湖上提到青帮、红帮，总有"青红不分家"的说法？研究表明，其"不分家的起始，要到清末才见诸史籍"。在此之前，红帮最初的活动范围，主要局限于长江中上游地区，特别是在四川、两湖等地，而青帮则活动于江、浙、皖等省，两帮之间并无多少直接联系。是两大帮所营贩私活动的进一步扩张，促成了彼此的融会合流。青帮在两淮所经营的私盐，一般都装船运往两湖或皖、浙、苏南的一些地区销售。在湖广地区，青帮势力不得不借助当地红帮力量帮忙。同样，红帮从内地走私鸦片等毒品销往沿海各地码头，也离不开青帮的保护与协助。双方无论是谁，要在对方的"领地"销货都跳不过"当方土地"，都需要对方的照应与协助。因之，两帮之间的互相援手、合作融合就渐成大势所趋。虽然其间也有过争夺码头、互相仇杀的事情发生，但不打不成交，在各自的"势力范围"、"责职权利"大致确定以后，合作便成为主要的方面，合流也就顺理成章了。

　　青红帮的合流大致有两种形式：一种是各自加入对方的帮会，成为身在两帮的实实在在的青红帮分子。如号称"长江三龙"（龙松年、王金龙、陈金龙）之一的陈金龙就既是红帮的首领，又是青帮的通字辈；另一种情况是青帮主动地采行红帮的一些仪式和组织形式，如安徽沿江一带的青帮组织，仿效哥老会开立山堂，散放票布。苏北盐枭徐宝山纠合青红两帮在比壕口开立春宝山堂。进入 20 世纪之后，在清朝官方文体中，已经很少单独提青帮或者红帮了，而是统称为青红帮。这时，像徐宝山这样既是青帮头目又是红帮大爷的跨帮人物，在帮中已经普遍存在。只不过，由于青帮"准充不准赖"，红帮"准赖不准充"，青帮的身份较为公开，红帮的身份则相对隐秘，所以在世人面前大都以公开的青帮身份出现。如镇江青帮大字辈向春亭这样一个远近闻名的青帮头目，实际也是红帮大爷，但他极少与人谈及红帮的事，很少有人知道他也身在红帮。

既然已经是"青红不分家"，那么，它们的活动从此也就很难划分开来。除了像后面将要讲到的反教斗争、反清举事一类公开而又带有政治色彩的突发事件之外，青红帮的日常活动就是如何聚敛财富以维持、发展、壮大组织，从而尽可能地满足帮会分子特别是帮会头子物质与精神生活的需要。他们运用团伙的力量，有组织地从事各种黑道活动。

一是走私。走私的物品主要为鸦片、食盐、军火。在长江上游可供哥老会走私下销的主要是云、贵、川、陕自产的土烟、四川井盐；下游的青红帮则主要贩运洋土、两淮和浙江盐场的海盐以及从国外订购的军火。这些物品的走私，利润极其丰厚，青红帮由此获得了大量金钱。

二是开赌。在湖广、四川，"各赌窟多为会党首领所设"，而在上海、南京、镇江一带，赌馆几乎完全是青红帮所开。开赌场，投资小，见效快，获益丰，可说是无本大利，但一般人不敢染指，"治安"不好维持。帮会开赌，不怕有鬼上门，他们控制了赌业，就等于稳守一株不倒的摇钱树。

三是业娼。包括掠卖妇女，开设或控制妓院。由于妓院的客人不是达官贵人、富商地主，就是地痞流氓、兵丁差役、无聊之徒，这些人本就不是省油的灯，更何况醋海兴波，常常会大打出手，如果没有帮会做后台，一般也很难维持。

四是抢劫勒索。帮会结伙抢劫，绑票勒赎是家常便饭，有关这一类的记载可说俯拾皆是。旧上海帮会绑票的新闻不断，有钱者及其家人戚友常恐遭绑勒赎；青红帮"迭次抢劫苏、浙当铺、丝行、盐船、布船及各处居民铺户"；而湖南的一些哥老会则"执持器械洋枪，肆行抢劫"，被抢者还不敢说什么，否则连命也不保了。

五是欺行霸市。在旧上海，有码头霸、菜场霸、人力车霸、渔市霸，连清理粪便还有粪霸。以码头霸为例。上海开埠以后，沿黄浦江建立了许多码头，多为外商经营。外商为经营方便、省事起见，乃通过这些工头来招揽并负责码头装卸的小工。这些包工头都是青红帮大小头目，也就是码头霸。你要想在码头做小工混口饭吃，非得这些包工头点头不可。码头小工每搬运一件货物，运费法币 1～2 角，但其中 60% 要被包工头抽走。不仅如此，逢年过节或包工头及其亲属有婚丧喜庆，工人个个要摊份送礼，谁敢违忤这些工头，就会立刻被砸饭碗，而各个码头霸之间是互通声气的，一旦被解雇，则在其他码头也很难立足。

四 悲壮的历程：天津教案以后秘密社会的反洋教斗争

当青、红帮在长江流域兴起之日，也正是西方教会势力在列强的坚船利炮掩护下迅速向中国腹地渗透之时。传教活动的殖民侵略色彩，西方基督教精神与中国传统礼俗政教的"文化"差异，工业文明的侵入与中国人灾难日深的切身感受，这一切使朴素的中国百姓对包括洋教在内的西方资本主义文明抱持强烈的敌视态度，那些投身于秘密结社的破产游民这种感受尤其痛切。为了维护民族的尊严、自己的信仰和所在的团体，或是出于反对清廷封建统治的策略需要，他们自觉或不自觉、主动或被动地投身反洋教运动，在反映中西冲突的热点——教案问题上扮演了一个十分重要的角色。

 纸人剪辫事件

秘密结社大量地卷入反洋教斗争，是在 19 世纪 70 年代以后，而揭开秘密结社反教会斗争帷幕的是哥老会。哥老会的反教排外倾向相对突出，当 70 年代初天津教案议结后，曾有哥老会潜赴天津，图谋闹事，为清廷抓获。

1876 年春，长江中下游一带发生严重的旱灾，入夏以后又转成水涝，灾民们"扶老携幼，百十为群，身无完衣，面皆菜色"。就在此时，从南京一带传出谣言，说是九龙山妖僧剪纸为人，纸人们携带剪子，不时从天而降，剪去男人发辫或女人衣襟鞋带，防不胜防，一旦被剪，就有性命之忧。很快，谣言又变成了现实，上起湖北，下至苏浙，各地都不断传来有人发辫被剪的消息。起初剪辫还未触及教会，到后来，人们发现被剪者"皆未从教之民，而从教者不与焉"。于是"人情汹汹，到处惊疑，至有指天主教为匪党渊薮者"。这样就导致了教案的发生。

7 月 7 日，安徽建平（今郎溪）县河南籍客民阮光福的辫子被人剪掉，村民追拿剪辫之人，欧村教堂的传教士白会清上前阻止，被众人扭送县城。神父黄之坤持名片向县索回。11 日阮光福等在田间劳动，谈起剪辫事，谓是教堂所为，恰被教堂传教士杨某听到，双方发生口角。当晚，黄之坤等便带人将阮等二人捉进教堂。13 日晨，七八百手持刀棒的村民冲进欧村教堂，打死黄、杨，捉住白会清。村民们在教堂内虽未找到阮光福等，却发现了好几名妇女，并在黄神父房内搜出一箱天神像，于是众人益发相信纸人剪辫系教堂所为，愤怒之下，放火烧毁教堂。此后一个星期的时间，该县便有 40 处教堂学校或神父住处被拆掉或烧毁，8 名教友被处死。7 月 24 日，数百名群众又一举捣毁了皖南最大的天主教堂宁国府总堂。整个宁国府仅剩一座教堂因知府保护免遭破坏，余均摧毁殆尽。

清政府很快就抓到剪辫之人犯。审讯结果表明，人犯既有老官斋、灭水教、金丹教等教门的，亦有哥老会众，"其宗派大抵出自白莲教，其头目大抵出自哥老会"，他们的目的就是想通过剪辫引发大量教案，乘清廷疲于应付之时发动反清武装起事。原来在一系列扑朔迷离的剪辫事件背后，潜伏着秘密结社联合造反、"反清""灭洋"的重大密谋。纸人剪辫事件说明，这一时期哥老会斗争的主要目标是针对清政府，从属于这一目标，他们的一些活动或直接或间接导致了教案的发生。

 ## 哥老会与长江教案

1891 年 5～9 月，在长江的中下游地区，爆发了一场大规模的群众反洋教运动，斗争的烽火蔓延到皖、苏、浙、赣、鄂、湘等六省的数十个城镇，凡是有外国教堂的地方，群众多愤然而起，焚毁教堂，驱逐传教士，这就是中国近代史上著名的"长江教案"。长江教案能够造成这么大的规模和声势，各地互相呼应、上下连成一片，哥老会在其中的奔走、鼓吹、策划、冲锋，功不可没。

一是广为散发仇教宣传品，煽起反教情绪。湖南哥老会分子曹义祥、唐玉亭等人奔走长江各地，招人入会，散发仇教宣传品，"煽惑"群众起而反教。据驻江苏的耶稣会传教士报告，这些人每到一地，教案随之发生。从某种意义上可以说，包含一系列反洋教斗争的长江教案是哥老会发动起来的。

二是预谋策划，串联发动。早在1891年五六月份教案在长江下游爆发之际，一些外国观察家就根据种种迹象推断：运动是有预谋的。事实确是如此，预谋者不是别人，正是哥老会。据湖南哥老会头目曹义祥、唐玉亭等人供称，在长江教案爆发前，哥老会早已决定"要到各码头闹毁天主教堂"，并经谋划商量提出了一套闹教的办法：第一步预备匿名揭帖；第二步四出张贴，揭露教堂害死小孩、挖取眼睛等罪行；第三步哄动众人，攻击教堂；最后乘势寻机放火，焚烧教堂，得手后赶早脱身。芜湖教案正是这样发生的。南京、镇江、丹阳、无锡、江阴、如皋各处的教案也多是哥老会的杰作。

三是指挥攻击、带头冲杀。芜湖教案中，当群众围困天主堂、情绪愤怒至极时，哥老会员就高喊"可以动手啦！"于是"众人即拾取砖石向内乱掷，势如雨下"。目击现场的外国人报导，乱众之中，"有两三个穿着体面的汉人指挥破坏教堂。他们每人手执小旗，可能是属于某个秘密结社的"。在宜昌，群众冲进教会庭院后，哥老会员即不失时机地站出来拍着胸脯喊："弟兄们，跟我来杀洋人。"在江西湖北交界的武穴，哥老会成员煽动群众，说拐人犯们要把孩子送进卫斯理教堂做西药，于是群情激愤，立聚千余人，向教堂发起攻击。

与"纸人剪辫"事件一样，哥老会策划、煽起长江教案的目的，也是想乘清政府疲于应付层出不穷的教案之机，起事反清。1891年8月5日，长江中下游各路哥老会主要首领在安庆召开重要会议，"长江三龙"之一的龙松年主盟，共推原江南提督（曾在太平军与清军间几次反水）李昭寿次子李洪为大元帅，约定于11月16日集齐会众，分两路同时竖旗举事。上游一支人马20万，由拥有6万余众的莲花正龙头、总统玉龙、金象、飞虎、莲花四山大元帅李典和在襄河一带拥有极大势力的大乾坤山头目李得胜统率。下游一支分东、西、南、北、中五旗，由楚金、九华、龙凤山主高德华、安庆哥老会首蒋元统率。两支队伍分别在沙市、安庆集结。稍后，因清政府在下游一带加强了防范，各路首领在湖北大冶再次开会，取消了在安庆集结的计划，改为由沙市方面首先发动，同时在汉口、九江、大通、芜湖、金陵、镇江等10多个轮船码头预为布置，随时响应。

正当李洪等积极谋划起义时，"美生案"发生。为起义军从香港采购军火的海关洋员美生（C. W. Mason）在押运35箱军火抵沪后，案发被捕，供出了有关情况。起义流产了。一大批重要的哥老会首领，包括李洪、陈金龙、龙松年、高德华等，先后被捕。长江流域的哥老会遭到沉重的打击，参与此次起事的数十个青红帮山堂基本消散。

余栋臣反洋教起义

余栋臣是四川大足县龙水镇人，哥老会首领。当洋教势力进入龙水镇后，教士教民专横跋扈，地方绅民早已侧目而视。1886 年，在重庆教案的影响下，龙水镇群众捣毁了刚刚落成的新教堂。第二年的灵官会（十数人抬灵祖游行街衢）期，因教民霸据炭市，引发煤窑工人为主的群众再次捣毁了新修好的教堂。1890 年 8 月，又值灵官会期，教士彭若瑟鉴于以前两次灵官会都发生群众打毁教堂事件，乃一面派人守护教堂，一面请官府出示禁令，禁止一切迎神赛会。教民王槐之纠集百余人声称要缉捕捣毁教堂之人并置以重典，并杀伤一名蒋姓乡民。游行乐队中的蒋姓数人，闻讯驰往救护，遂与教民械斗，为教民夺获大锣一面，上书"蒋赞臣"三字，即"指名控县，诬为仇教祸首"。

蒋赞臣闻官府缉拿，便逃到哥老会首领余栋臣处。余激于义愤，于是投袂而起，约同道 10 余人歃血为盟，准备起事。8 月 8 日，余率 100 余人攻进龙水镇，杀教民，焚教堂，占领该镇一月有余。清兵前来镇压，余等退入山林，在西山的玉口坳，"建敌垒，筑炮台"，做长期坚持的打算。直到 1898 年，余中计被捕。清军将余押至荣昌监禁，蒋赞臣闻讯立即约同邻村哥老会首领张桂山前往荣昌，逼令典吏开狱门放人。余栋臣在数千人的欢迎下返回龙水，率领乡人再次举行反洋教起义。7 月 1 日，张桂山带队至荣昌郑家溪天主堂劫押法国教士铎华方济回龙水以为人质，使得清政府不敢对起义军过分逼迫。余乘此时机派遣人马四出打教堂，并发布"顺清灭洋"的檄文，广为张贴。一时四川境内各地纷纷响应，到处打教堂、杀教民，影响所及，湖北、湖南的哥老会也闻风而动。

各地反洋教的斗争愈演愈烈。清政府极为恐慌，先是派人与余议和，允将起义队伍收编，用巨款赎回人质，但余栋臣坚持要严惩为恶教民，双方僵持不下。于是清廷改派奎俊为总督，由布政使王之春率大军进剿，山寨失守，余栋臣失败被俘。清廷考虑到余因"仇教而起，与土匪有别"，特别他要"顺清灭洋"，"原非叛逆"，为收买民心，对余优恩免死，蒋赞臣则遣戍陕西。

余栋臣事件是义和团运动之前影响最大的一次秘密结社反洋教起事，起义打起"顺清灭洋"的旗号，组织起数千人的队伍，建立了自己的根据地，重创了天主教在四川的势力，可以说是 90 年代会党反教之高峰。

秘密社会与义和团运动

义和团运动是日益崩溃的传统社会对入侵的西方资本主义及其教会势力的一次决死抵抗，它所表达的信念是要求维护以往的生活方式和价值观念。在这样一次保教保种、捍卫身家的大搏杀中，中国秘密结社的表现十分活跃。

义和团的组织源流可以追溯到乾、嘉年间以"义和"命名的一些民间结社，如义和拳、义和门等等，这些民间结社习拳练武，烧香供茶、持诵咒语，这在后来的义和团里也是习见的一些外在表现。从义和团运动最活跃的山东曹县、单县、冠县、荏平等地的情况来考察，1896年单、曹二县反教斗争的组织领导者是大刀会这个兼有会党和教门特色的民间秘密结社。1899年冠县与直隶威县赵三多、阎书勤领导的义和拳也是秘密结社。荏平、长清等地朱红灯领导的神拳则是会门、教门的结合体。这些义和拳或神拳等等秘密结社的组织，成为义和团运动最活跃的力量，它们的活动与起事，对整个义和团运动的勃兴至关重要。在这个意义上可以说，义和团运动的兴起，是义和拳、神拳、大刀会等诸多民间秘密结社活动聚合与升华的结果。

同时，由于从1898年至1899年，清朝地方官对义和拳等秘密结社进行改革，将拳民列诸乡团之内，听其习武练拳，自卫身家，义和拳有演化为乡团的一面。但另一方面，拳会组织并未消失，那些被乡团抽为团丁的拳民仍然"在拳"。这就使得他们具有了一身二任的特征，所谓"拳会与团练相表里"之说恐怕即是源出于此。因此，从组织性质上讲，可以确认，义和团是民间秘密会社与乡团组织的复合体。

义和团的思想渊源极为复杂，既有天神，也有人格化之神，来源极为广泛。但究其大类不外乎两种。一类是得之于秘密宗教的，比如"劫"的观念。白莲教宣传的救劫思想，当社会变动或危机之时，入教避劫往往成为发动普通群众造反的工具。在义和团运动时期，诸如"大劫临头"、"诸神下降"、"天意灭洋"等救劫思想的变种说法，比比皆是。再一类是取材于通俗小说或民间传说，《封神演义》、《三国演义》、《西游记》等小说中的神化人物如姜子牙、诸葛亮甚至孙猴子都成了义和团崇拜的偶像，玉皇大帝、王母娘娘甚至二郎神等统统被请了出来。通过"降神附体"、"念咒吞符"，就可以获得这些人、神的佑助，义和团员们就能够"刀枪不入"、消灾免难。这些愚昧的宗教迷信思想成为巩固义和团内部组织的凝聚力，也是他们用以反洋反教的重要武器。

可见，义和团运动带有明显的秘密结社色彩，不仅有秘密结社组织参加运动，而且这些组织所沿用的一些仪式和信条如"降神附体"等等都渗入到整个义和团运动中。但是，需要指出的是，随着义和团运动的不断发展、壮大、深入，秘密结社组织的反教会斗争渐为广大的群众反抗所取代，义和团运动绝不仅仅是一次秘密结社的反洋教运动。同样不应忽略的是，当整个义和团运动失败之后，义和团的原生组织——秘密结社在各地依然活动不断，并且有增无减。

 20 世纪初各地会党的反教余波

20 世纪初年，各地由秘密社会组织所发动的反洋教案件愈加频繁，尤以南方诸省最为多发，尽管这些多被视做义和团运动的余波和尾声，但也有其自身的许多独到之处。如1902年湖南邵阳贺金声打出"大汉佑民灭洋军"的大旗，颁布告示，抨击教会，起义很快席卷湘乡、衡阳、新宁等地，哥老会是其中最重要的力量。与湖南毗邻的江西省1904年发生新喻洪江会发动的毁堂打教事件。1906年鄱阳洪蓬会又发动了更大规模的仇教活动，声势壮大，起义队伍转战皖赣边境，影响及于安徽。伏虎会是浙江台州人王锡桐在1900年创立的会党组织，又称"伏虎山"，专以排外为宗旨，1901～1902年间曾"屡闹教案"。1903年，伏虎会再次起义，焚毁教堂，处决神父，杀死教民多人，附近民众群起响应，酿成著名的宁海教案。福建、广东的会党也是起事不断，甚至数次发生打教事件。

在北方，义和团运动失败后，有河南彰德府花园会发动的"仇教灭洋"起事。稍后又爆发了仁义会领导的"扫清灭洋"起义。其中仁义会的反教斗争由淮宁县（今淮阳县）先后发展到平阳、西平等地区，聚众一千余人。当然，结果也和其他地方的会党反教一样，很快遭到清政府军队的镇压，难逃失败的命运。

秘密结社的反教斗争性质极其复杂。不管是零星的小范围的反教会起事，还是集体性的大规模的反教会活动，秘密结社的主要目的或其基本点是一致的：维护传统的生活方式，维护自己的信仰和团体，有的还同时带有反抗封建统治和西方殖民者政治压迫与经济剥削的成分。但情况不同，它的性质与对它的评价也就不大一样。概括而言，秘密结社反洋教有三种情形：一种是出于政治目的，反教为名，反清是实。他们利用民间对外国教会的仇恨，挑起民教冲突，借机举行反清起义。因此，这种形式的反教会，一般是有组织、有计划进行的，发生的时间往往在中外关系紧张、民教冲突比较激烈的当口，以 1876 年长江流域的剪辫和 1891 年长江教案时期的李洪起事最为典型。由于他们进行的反清活动仅局限于组织内部，煽动群众打教毁堂，虽然可以造成社会秩序一时之乱，但实际并没有发动群众。因而他们的密谋总是难以实现，往往是事未发而先流产。这类反洋教活动实质是反对封建统治。

第二种是出于自卫目的，民族的、文化的原因居多。由于秘密结社多半流行于乡村社会，且有的地方是整村整庄的农民加入秘密结社，西方教会在农村势力的扩大，不免要与这些秘密结社发生冲突，秘密结社或出于维持团体、保护信仰的目的，或因不堪教民和传教士的压迫与欺诈，起而反教。这种时候的反洋教每每与护清联系在一起，如 19 世纪湖南哥老会的"平夷会"、余栋臣起义的"扶清灭洋"、20 世纪江西洪蓬会的"顺清灭洋"等等，而义和团时期的教案则是这类斗争的顶峰。相比较而言，它的反帝色彩较为浓厚。

更多的是第三种，出于经济目的，富有极强的掠夺性。它往往是由于会党本身的消极性因素所造成。他们煽动民众反教，或者哪里有民教冲突他们就奔向哪里，目的在于乘机掠夺教会和传教士财产，常常以盗匪面目出现，因此社会影响不太大，引起的教案纠纷也较易解决，一般人数少、规模小，旋起旋灭。

五　前仆后继：会党与
　　辛亥革命

　　19 世纪末 20 世纪初，中国近代历史走向了一个重要的转折关头。一方面，随着甲午战败，帝国主义群起瓜分中国，造成了世纪之交严重的民族危机，震动着中国社会的各个阶层；另一方面，由于民族资本主义的初步发展，中国产生了民族资产阶级，兴起了反帝反封建的资产阶级民主革命运动。而势力已经遍布全国并且曾经不断举事的会党组织适逢其会，自觉投入或不自觉地被卷入民主革命的浪潮，在政治的旋涡中一显身手。

　会党活动的转折

　　在中国资产阶级民主革命活动中，起先锋领导作用的是一批知识分子。这一近代资产阶级的知识分子群体（即人们通常所说的资产阶级革命派）主要是通过向国外大批派遣留学生、在国内兴办新式学校等途径造就出来的。19 世纪末叶他们的阵营还很小，到了

20 世纪初，已成为一支人数众多的队伍，至 1905 年光留学日本的学生已达万人以上。这些知识分子不同于旧式的士大夫，他们有着强烈的民族忧患意识和爱国热忱，具有较多的世界知识，大多接触并接受了一些西方资产阶级的政治理论和文化思想，开始形成一种新的理想和价值观念，他们已经隐隐约约地感觉到中国历史的发展方向，要求实现民族独立和民主变革。但是，由于中国民族资产阶级的弱小，而近代资产阶级知识分子群体思想觉悟的超前，使他们难以获得本阶级的理解与支持。现实的需要使他们不得不求助于其他的社会势力——他们相中了会党组织。因为一方面，他们中的许多人或出身于中下层社会，或因社会动荡自身经济地位下降，对下层群众的生活斗争相对了解，比较同情，易于接近。另一方面，由于他们本身力量的单薄，又不可能沉下去深入农村码头矿山直接做下层群众的工作。在这种情况下，他们俯就现实，把主要精力用于联络现成的遍布全国的会党势力，想利用会党组织的力量，来达到自己的目标。

最早代表资产阶级革命党人联络会党者，是孙中山和他创立的兴中会。早在广州博洛医院附设的南华医学校就学时，孙中山就结交了三合会的头目郑士良，通过郑的介绍，孙中山大开眼界，开始真正了解到秘密社会的许多内情，产生了联络会党的志趣并着手进行。兴中会成立以后，孙中山通过郑士良等人积极联络广东各地的会党，并吸收了大量的会党分子参加兴中会。正是依靠会党作为基本的群众队伍，孙中山才

得以在 1895 年和 1900 年连续发动两次武装起义，即
广州之役、惠州之役。

尽管兴中会联络会党所举行的两次武装起义都失
败了，但它标志着近代中国的秘密会党和下层群众的
斗争，开始向较正规的资产阶级民主革命阶段过渡。
会党活动的这一转折，赋予其新的活力与意义。连清
朝统治者也感到，此时的会党已"非寻常会匪可比"，
认为"乱党会匪时相勾结，在会均属可虑"。

会党与自立军起义

革命党人从初步联络会党的实践中进一步认定，
在革命的艰苦年代，坚决响应革命并可以依靠的，"只
有会党中人耳"，更加坚定了联络会党的决心。孙中山
进一步考虑到，联络会党不能局限于沿海边缘地区，
必须向内地渗透、发展。他一面派人继续联络珠江流
域的三合会等秘密会党，一面派兴中会会员毕永年偕
日本人平山周深入长江一线联络哥老会头目，在香港
开会设盟，结成兴汉会，并与唐才常约定在湘鄂粤数
省同时大举。

以唐才常为首的自立会领导骨干，原属维新派当
中比较激进的一层，年龄都在二三十岁之间，血气方
刚，其中有不少是湖南时务学堂的激进人物，如唐才
常兄弟、林圭、秦力山等。变法失败后，他们"念国
难之方殷，叹良友之云亡"，愤而"以推翻清室为职
志"，宣布"不认满洲政府有统治清国之权"，要"以

立宪自由之政权与人民",并于 1899 年 5 月在日本组织了自立会。林圭随毕永年、平山周在两湖调查、联络哥老会后返日,将相关情况向唐报告,唐便与林圭、秦力山以及吴禄贞等人一起,"共商拟于长江沿岸利用会党举义",并立即着手广泛联络长江会党、组建自立军的工作。

首先,他们根据会党流浪江湖的特点,在长江一带的城市码头开办会馆,设立机关,招待会党。这些馆栈多由自立会领导人直接开设经营,如上海的大同客馆由唐亲自主持,汉口的宾贤公馆由林圭负责。他们通过这些馆栈机关,广泛联络江湖人士,指导各地的会党工作。

其次,他们按照会党结拜的传统,开堂放票,招纳会众。为了迅速将大批会党群众招募进自立会,唐才常等仿照哥老会开堂放票的办法,开立了富有山堂,印制富有票,作为入会凭证,广为散发。凡领得此票者,即可入富有山堂,成为自立会员(由头目签字生效)。由于规定得到这种票布可有三种好处:向头目领钱千文,免费乘坐来往长江的太古、怡和轮船,保护身家,领票入会者趋之若鹜。据张之洞事后的调查报告,富有票实际散发出去的有 20 余万张,大批会党分子加入自立会。

最后,针对会党分散、并立的状况,以富有山堂统一长江会党的组织和宗旨。当时长江地区的会党虽然人数多,势力大,但山堂林立、互不统属,这对于发动武装起事很不利。唐才常等通过开立富有山堂,将长江地区会党的各主要帮派势力招纳进来，基本统一了长江会党的山堂名号。它的最高领导层设有正、副龙头各 13 人，内、外八堂合在一起有 90 余人。在 13 个正龙头中，有 11 人是长江会党的大头目，如杨鸿钧是金龙山的龙头大爷，李金彪是腾龙山的龙头大爷，刘传福是锦华山的龙头大爷。往下如总堂辜鸿恩，原系张之洞武功会军中的会党首领，盟堂萧子云是安徽大通之镇山龙头。再往下如香长邓福田、姜守旦则是湖南洪江会的重要首领。唐才常把长江各地会党的重要头目都拉进富有山堂，实际上也就是把他们各自统领、宗旨不一的山堂势力归拢于富有山堂之下，在"救民保国"的统一宗旨下共建大业。

在招纳数十万会党成员的基础上，唐才常建立了一支拥有 7 军 40 营的武装队伍——自立军，其中总会亲军 10 营，左右前后中 5 军各 5 营，先锋军 5 营，分驻大通、安庆、汉口、常德、新堤等交通和军事重镇，总人数在 2 万左右。值得一提的是自立会领导人已经很注意利用会党关系做各地驻军的工作，他们采取打进去、拉出来的办法策动驻军。所谓打进去，就是利用驻军中的会党成员或派会党分子混入其中，在军内散发富有票、发展力量，据张之洞奏报，混入各营兵勇及长江水师的"富有票匪"甚多。所谓拉出来，就是将驻军官佐拉进自立会，然后利用他们统带的兵力。如张之洞的威字营统领黄忠浩，就是经沈荩再三劝说而参加了自立会，并担任了自立军中的统领。安徽抚署部队管带孙道毅也因秦力山的争取而支持自立军。

1900年正当北方义和团运动进入高潮时，八国联军入侵，局势发生急剧变化，唐才常等决定乘机起义。原定于8月9日农历中元节长江各路兵马同时大举，但因为康有为、梁启超的海外汇款迟迟不到，起义被迫延期。

在大通的自立军前军统领秦力山、吴禄贞因长江沿岸戒严未能及时得到起义展期的通知，仍按预定计划进行。在孙道毅和当地哥老会首领符焕章等人的协助下，8月9日如期发动。自立军乘船而下，猛攻清军，清长江水师外委洪益金伤毙，参将张华照投水而死，12条师船反正，起义军迅速占领大通，并分兵向青阳、芜湖、南陵一带进攻。

大通前军总共不过两千余人，孤军先发，得不到友军的配合，自然难以坚持。8月11日，两江总督刘坤一、安徽巡抚王之春、长江水师提督黄少春调水陆营兵大举进剿，自立军且战且退，13日退至九华山。后来秦得到唐才常等在汉口失败的消息，下令解散部队，只身辗转逃往日本。

大通按原计划举事失利，牵动总部。唐才常、林圭在汉口亦急欲发动，无奈因汇款不到，一再稽延。8月14日，八国联军攻陷北京，15日，慈禧、光绪西逃，形势异常紧张。唐、林临时决定，不等汇款，22日起兵（原拟展至23日），计划先占领汉口，夺取汉阳枪炮厂，然后渡江攻击武昌。偏偏参加自立军的红教会徒邓某因与一理发匠争吵被告发捉拿，张之洞从中尽悉自立军起兵计划，先发制人。他征得英国领事的同意，于 8 月 23 日清晨，派兵包围英租界李顺德堂及宝顺里自立军机关总部，逮捕并杀害了唐才常、林圭等 20 余人，接着又大兴党狱，惨杀自立军骨干千余人。

汉口失事后，在新堤的右军统领沈荩"闻汉口以迁缓失事，亟率所部发难"，因中军主力已失，很快溃败。湖南方面的自立军原计划与唐、林同时发动，亦因巡抚俞廉三事先得到张之洞电告消息先行动作，未及发动即告流产，被捕杀者百余人。

自立军起义是中国资产阶级知识分子在内地大规模联合会党进行武装起事的开端。它的失败原因是多方面的，其中的一个关键原因就是它的会党工作存在着严重的弱点。它没有一个有效动员和牢固联合会党群众的纲领口号，会党分子对其宗旨并没有真正了解。唐才常等人的工作，主要依靠少数会党头目。而即使对这些头目，也主要靠报名领款、月给洋银的办法拉进会中，再通过这些人去散放票布，招募会众。这些会党头目见自立会富而多资有油水，纷纷参加；一旦经费拮据，即离队而去，甚至叛变。自立会虽以富有山堂的名义把长江会党统一起来，但实际上它还是一个哥老会洪门组织，并没有什么升华、提高，只是组织机构和领导成员比一般哥老会要臃肿庞杂得多罢了。各地会党组织仍然自成系统，唐才常虽然掌握了总部和各路军的领导大权，但在起义过程中，具有实际号召力和指挥力量的仍是会党头目，特别是自立军基层组织的领导权，仍由会党头目所操纵。自立会对会党的原有组织并没有进行认真改造。

会党骨干分子大多染有流氓无产者的恶习，以这种人组织起来的军队如果不经过严格的教育改造，其组织纪律之差是可以想见的，自立军起义的过程中，会党纪律的败坏突出表现在：走漏消息、不听指挥、放纵恣肆、为害百姓，而这些都是使起义流产失败、失去民众支持的重要因素。自立军的这些血的教训与它们在联络会党方面的一些成功经验，直接地为此后资产阶级革命派继续开展会党工作提供了借鉴。

会党与革命派的进一步联合

资产阶级革命派在各地大规模开展会党工作、会党同革命派进一步联合，是在同盟会成立前后。由于各地区局势本身的不同，革命派力量的不平衡和会党势力的不同状况，也由于革命派内部对会党认识的差异，从事会党工作的时间先后、长短不一，会党和革命派互相联合的程度各不相同，情形错综复杂。其中以长江地区革命派的会党工作成绩最为显著。因为革命党在这个地区力量比较集中，会党组织在这一带的势力也最为强大。同盟会成立前，光复会、华兴会、科学补习所等革命团体在这一带广泛联络会党，进行了一系列富有成效的活动。同盟会成立之后，革命派在这里又做了大量的工作。

大体而言，革命派在各地联络会党的工作分三个步骤。

第一步是调查。主要是调查当地秘密会党的系统、分布及其内部状况，这个工作以浙江光复会做得最为深入。浙江地区的会党系统极为复杂，据陶成章《浙案纪略》载，有20多个名目不同的组织，为了将它们连成一体，从1904年起，光复会就着手调查。陶成章"蓬头垢面，芒鞋日行八九十里"，走遍金华、衢州、严州、处州、温州、台州六府，终于把这一带秘密会党的情形摸清，并通过与各地会党头目的协商沟通，使各府会党纠合为一。

第二步是宣传教育。最主要的做法是传送有关革命书刊。当时最流行的宣传品是《革命军》、《警世钟》、《猛回头》等书籍和《国民报》、《浙江潮》、《新湖南》等报刊，革命派的散发传布，使得这些革命书刊传遍各会，产生了广泛的影响。传送书刊而外，还辅以口头的宣传和个别的劝说启发工作，如华兴会黄兴和刘揆一、刘道一兄弟对湖南哥老会首领马福益的启发教育，就是一个成功的典型。

第三步是组织联合，把那些分散的会党纳入一个统一的组织，置于革命党的领导之下，这是最困难的一步，如光复会在浙江的工作。他们先在嘉兴开设温台处会馆，以联络江、浙、皖三省交界的会党，陶成章曾亲自负责过会馆的工作。后来因缺乏经费，会馆无形解散，陶又从嘉兴来到绍兴，协助徐锡麟办起大通学校，作为浙东联络会党的中心。由大通学校招收会党头目入校练习兵操，凡入校者都是光复会的会员，毕业后受光复会统辖和节制。再往后，秋瑾改约束，颁号令，将光复会会员分成 16 级，由徐锡麟和她自己分任首领、协领，分统以下全由洪门首领担任，原有会党组织仅略加变通，吸收入光复军。

华兴会在湖南，则采取另设组织的办法，建立同仇会，专门联络湘赣一带的哥老会。他们仿照日本将、佐、尉的军事编制，由黄兴任大将兼会长，刘揆一任中将掌握各军，马福益为少将专掌会党事务。据载，湘赣一带的哥老会员加入同仇会者达 10 万之众。

湖北革命党人的做法也与华兴会差不多。他们以共进会的名义把长江中上游一带的三合、哥老、洪江、孝义等各大会党的山堂香水做了统一，使他们在反清的旗帜下联合起来。

以上述工作为基础，同盟会和其他革命团体多次发动以会党为主力的反清武装起义。

在 1904 年一个春寒料峭的雪夜里，黄兴、刘揆一与马福益一起"席地促坐，各倾肝胆，共谋光复"，约定在 11 月 16 日（光绪三十年十月初十），西太后 70 寿辰湖南全省官吏在玉皇殿行礼时，以预置炸弹进行爆炸，宣布起义。"省城以武备各校学生联络新旧各军为主，洪会健儿副之，外分五路响应，洪会健儿充队伍，军学界人为指挥"。根据马福益的安排，外五路会党为主力的队伍是浏阳、醴陵一路，衡州、常德、岳州、宝庆各一路。起义主帅黄兴，刘揆一、马福益分为正、副总指挥。

就在起义紧锣密鼓顺利进行、大举在即的时候，10 月下旬，有人向长江巨绅王先谦告密，王报告湖南巡抚。于是清政府立即开始大搜捕。很快，常德路义军的负责人游得胜、岳州路负责人萧桂生不幸被捕，他们熬刑不过，供出了实情。这下，清兵四出"按名索捕"，华兴会主要领导人再也无法隐匿，立即潜出长沙，逃往上海。马福益也事先接得刘道一的通知，化名避往湘南。但他不服气，不久又潜回洪江，密谋以洪江为根据地，重新部署起义，不幸又被人告密，于1905 年 4 月被捕遇害。

一年以后，马福益的部下再次联合起来，发动萍浏醴大起义，为"马大哥"报仇。1906 年 12 月 4 日，起义爆发，起义军迅速占领浏阳、萍乡部分地区。6月，2 万余人集合麻石，向上栗市进发，并在那里整编队伍，定名"中华国民军南军革命先锋队"，推龚春台为都督。在龚以都督名义发布的檄文中提出："专以驱逐鞑虏收回主权为目的"，"破除数千年之专制政体，不使君主一人独享特权于上，必建立共和民国与四万万同胞享平等之利益"，"使地权与民平均，不至富者愈富，成不平等之社会"等等，反映了同盟会的革命纲领。

萍浏醴起义不到 10 天，起义军人数发展到 10 万以上，声势浩大，震动了长江中游各省。清政府调集湖南、湖北、江西、江苏四省军队 5 万多人前来围剿，经过几个月的血战才把起义扑灭。

此外，1907 年光复会的徐锡麟、秋瑾利用会党力量发动皖浙起义。1909 年共进会孙武、刘英等联络长江南北会党密谋两湖军事暴动。同一时期，四川革命党人联络会党在江安、泸州、成都等地多次发动起义；孙中山则直接领导同盟会在华南沿海和沿边地区连续发动了 6 次以会党为主力的武装起义，即 1907 年的饶平黄冈起义、惠州七女湖起义、防城起义、镇南关起义和 1908 年的马笃山起义、河口起义，这些起义都无一例外地遭到了失败。

一系列会党起义的失败，充分暴露出革命党人会党工作中的严重缺陷：他们一般只是联络会党头目，不注重广泛发动会党群众；只满足于反满的宣传，不去深入进行民主革命的教育；重视利用会党的好勇斗狠，但无法克服会党纪律松弛的现象；在组织上不管采取何种方式与会党联合，都迁就、保留会党的组织系统，不能对会党进行彻底的组织改造。即使像光复会在浙江联络会党工作做得那样深入，但加入光复会的会党成员仍未脱离原来的组织系统。革命派除了联络少数会党头目，或在联合组织中空挂几个首领名目之外，实际并不能领导和控制会党，组织分散，号令不一，迅速瓦解也就成了必然的结果。革命党人自己没有能力改造会党，在多次起义失败后，反而产生了埋怨会党的情绪，认为"会党发动易，成功难"，一些人提出要改弦更张、别图良法。于 1908 年以后，不少地方的革命党人将工作的主要目标从会党转向新军。

 参与各省独立

尽管从 1908 年开始，一些地方的革命党将工作的主要目标移往新军，但会党工作并没有因此沉寂下来，会党也没有因此失去它的重要作用。应该说，会党和新军是辛亥革命中两支基本队伍，在推翻清王朝的决战中，都发挥了重要作用。抛开新军许多是穿上军装的会党分子这一点不说，在辛亥各省独立的过程中，会党自身的参与和作用也是很为突出的。

武装起义前夕，四川哥老会在保路运动中"众哥弟振臂一呼，四方响应"，保路同志军的起义，吸引了两湖的清军，掩护了武昌首义，而保路同志军起义的胜利，更为武昌起义作了前导。

武昌首义、湖北独立，新军起了主要的作用，但武汉三镇以外其他地区的光复，会党功不可没。特别是鄂北襄樊一带的江湖会动作快，响应起义迅速，襄阳府及其所属的谷城、枣阳、均州等的光复主要应归功于会党之力。

湖南的光复，也是在资产阶级革命党的领导下，由会党和新军联合促成的。本来，湖南的洪江会自萍浏醴起义失败后，势力大衰，原是洪江会首领的革命党人焦达峰在1909年回到长沙后，便积极联络洪江会各山堂。当年秋天，他在过去洪江会的活动中心浏阳普积市大开山堂，湘阴、平江、萍乡、醴陵、浏阳等地的"龙头大哥"30多人到场祝贺。至1911年，焦的部下已有"万余人可用"。焦达峰还利用会党的关系联络新军，并在新军中拥有了相当的实力。应该说，这两种力量是焦领导湖南独立，担任湖南都督的最大本钱。后来焦要援鄂，会党闻讯，又纷纷前来投军，不到一星期即有 18000 多人被编入陆军各镇之中。湖南民军的支援，大大加强了湖北军民抗敌的决心和实力。

陕西是哥老会活跃的重要地区，各种各样的山堂为数不少，成员包括汉、回、蒙各族群众。此外关中地区还有为数不少的"刀客"，僧人中还有一个具有相当历史的慕亲会。并勿幕领导下的同盟会陕西分会以"通统山、同盟堂、梁山水、桃园香"统一了陕西的会党势力，到辛亥革命爆发时，在有 4000 多人的陕西新军中，通统山会员竟占近 3/4，军队基本为哥老会的各级"舵把子"所控制。陕西独立，会党充当了主力，在抗拒清军 44 个营的进剿时，会党立下了功勋。

其他如四川、两广、福建、云贵、江浙等省的会党也多纷起响应，协同革命党人推翻清朝的地方政权，迅速促成各地的光复。

前述种种事实，充分说明了会党是辛亥革命中一支举足轻重的社会力量，在辛亥革命中发挥了重要作用。但是，也不应该忽略，会党是作为一种破坏力量投入辛亥革命的，它在破坏清王朝统治机器的同时，对于革命阵营和社会秩序也在不断释放着破坏的能量，以各省独立作为标志，资产阶级革命党人与会党的反清联合已经不可能再继续下去，等待着会党的是革命党对它们的抛弃和当权者对它们的镇压。

六 骚乱与重组：民初帮会的演变

民国初年，帮会问题开始成为一个严重的社会问题。一方面，不论是昔日联络会党的反清的革命党还是从立宪派到袁世凯这样的当权者，全都不再容忍帮会的发展，除了偶或利用一下而外，是对会党毫不客气地予以取缔、镇压。另一方面，民初动荡的政治、军阀的割据、连年的混战，使得秘密社会不仅没有被取缔掉，反而大大地增加和扩展了。

 "洪家天下"与当局对帮会的取缔

武昌起义的枪声敲响了清王朝统治的丧钟，各地会党热烈响应革命，迅速促成各地的光复。由于"革命"有功，会党凭借实力和声望在许多地方取得了公开的地位。

10月22日，湖南独立，具有洪江会头目身份的同盟会员焦达峰任都督，"各属哥弟会党，风起云涌，招摇乡市,金曰焦大哥作都督,今日吾洪家天下矣!"焦达峰也确实不忘本色,对会党兄弟十分信任,委任洪江会首领冯廉直为南路安抚使,派会党首领龚春台带兵前往南京,在发布的委任状上还加盖有作为洪江会暗记的四正小印。焦并允许那些来省城的会党自由出入都督府,吃大锅饭,让他们直呼自己焦大哥。

在陕西,由于哥老会武装充当了光复西安的主力,因此在陕西军政府中哥老会具有很大势力。除大统领张凤翙(音huì)是同盟会派人物外,副统领万炳南、兵马都督张云山、粮饷都督马玉贵、军令都督刘世杰等都是哥老会的首领。兵马都督张云山是通统山头目,"命会中哥弟分赴各州县,散布各属。会党人又络绎来省,投云山,听号令",他发出的告示,除盖兵马都督关防外,还必须加盖"洪会公议"戳记,方能生效。地方上的哥老会码头也是广收弟兄,擅用公款,包揽词讼,干涉地方行政事宜,"但闻有洪会命令,几至不知其他",俨然把"码头"凌驾于地方行政之上。

在四川,独立后省城内外驻有哥老会同志军10余万,哥老会的公口完全公开,许多同新成立的政府机关"合署办公"。正、副都督尹昌衡、罗纶以同志军难以控制,特设大汉公,作为哥老会的总公口,尹自为总公口的舵把子。其他府属机关、各街、各警属也都亮出公口招牌,"省城内外遍设公口"。军政府并专门设立了负责与同志军及哥老会联络的交涉局,挑选资格较老的仁字袍哥担任大汉公的五哥,专司其职,军政首脑整日披红挂绿,拜码头、拉哥弟,忙得不亦乐乎。

最热闹的是贵州，盘踞立法院的宪政党人与掌握军政府的自治学社竞相大开公口。宪政党人为了搞垮军政府，乱中夺权，在省立法院极力提倡广开公口，提出"今日之贵州，非公口不足以立国，贵州之政府及社会非公口不足以辅助保全"。他们开设的斌汉、黔汉、懋华、大汉诸公口"设大堂，摆公案，俨与政府对峙"。而自治学社方面也不示弱，学社领导人、巡防总统黄泽霖开设光汉公，上自都督，下至职员，并军队大小职官，无一非公口中人。自治学社的另一领袖、枢密院长张百麟在出巡时，"随带公口票布徽章无算，到处散布"。比赛的结果，公口林立，人人在"会"："各党会竟明目张胆占据民房衙署，以立公口"，"一家不入公口号曰漏户，一人不入公口署以白衣，轻则吊打罚金，重则致死"。

其他如江西等省也都程度不等地存在类似问题。南昌、吉安一带的洪江会"不服从军政府法令"，对于往来船舶自行课税。新建洪江会更"驱逐警察，召集党徒，办理保安团"。洪江会首领江保林被任命为赣南宣抚使后，绿营、民团纷纷加入洪江会，"众殴议员闹饷，蠢蠢欲动"。到李烈钧出任第四任都督时，江西境内"几于有匪皆兵，无兵不匪，口唱洪江，大呼革命，狐鸣篝火，一夕数惊"。

在会党来说，他们以为，"革命"成功，就万事大吉了，往后的世界就是"洪家天下"，可以随心所欲了。殊不知，革命党虽然曾经动员会党一起"共苦"，但根本无意与他们"同甘"。在资产阶级革命党人看来，既然反清的目的已经达到，既然当务之急是维持社会秩序，巩固新生政权，那么原先由于反清需要而联合过的会党也就没有存在的必要了，他们已经准备向会党开刀了。而会党看不到这一点，仍然居功自傲，争权夺利，扩张势力，为害地方，游民无产者的破坏性得到尽情表现；甚至仍像昔日反清一样，动辄起事抗拒新政权，这无异在给他们自身催命了。

据民国元年 11 月 9 日以中华民国临时大总统名义发布的一张取缔秘密社会的布告称，对于"多有妨碍秩序、危及国家情事"的"各项秘密结会"，临时政府主要是"令各都督各民政长分别解散及按法惩办"。全国各地的情况不一样，做法也各有不同，但解散、取缔、镇压的基本方针是一致的。

动作最早、最快的是江西，武昌起义后一个月，即 1911 年 12 月中旬，江西省军政府首先发布了《解散洪江、三点、哥老会之布告》。紧接着，12 月 30 日，江西都督再发文告，重申取缔会党：现在汉族已经光复，嗣后"所有前项各会应刻日一律解散，并将票布自行销毁，不得稍有私藏，否则甘为匪人，决不宽大"。李烈钧接任都督后，在"欲治赣必先清匪"的指导思想下，对会党严厉查禁。后来李发表宣言，解释他如此严厉"非故为激烈以骇人听闻"，实在是因为"治乱世，用重典"，希望人们体谅他的"苦心"。当然，李烈钧对会党也并不都是一律镇压，对拥护其督赣的洪江会首领龚福祥、曹玺发等他不但没有镇压，还给予重用。镇压与否，关键在其对江西新政权的态度和社会上的影响好坏。

1912年初，新任湖南都督谭延闿布告全省：兹值大汉鼎兴，"所有洪江会、哥弟会以及三把香所发生之富有会、大摆队、铁摆队、十字会及未及指名之各种名目马元帅、大元帅、坐堂、陪堂等项名称，无论发源于何时，布散于何地，均应自行取消，以符恢汉之本意"，否则"惟有立即严拿，尽法惩处"。

此后，各省的这类告示日有所出，各地军政府并辅之以具体的取缔、镇压行动。

1912年2月，云南都督蔡锷还专门发布了一份《严禁开公口山堂告示》，并制定了具体的"惩治律"，规定："凡群众聚合立公口、开山堂，歃血订盟，结拜兄弟，图谋不轨者，从左之区别处断：①首魁处死刑；②参与谋议居该党重要职务者，永远监禁；③其他从事于诸种职务者，处十年以上十五年以下之监禁；④附和随行，其他参与公口山堂事务者，处五年以上十年以下之监禁。"至于那些"虽无图谋不轨及抗官拒捕、持械抢劫事，而参与聚众歃血订盟、结拜弟兄者"，以上列各款所定之刑减一等处断。也就是说，只要你拜会结盟，是会党首领，哪怕什么不法情事都没有，也要把你永远监禁。云南军政府这一惩治律例的制定收效显著，在很大程度上遏制了会党在云南的活动。

归结起来，各地军政府取缔和镇压会党主要有三种方式。

一是遣散、收编。如尹昌衡在四川，即通过整编军队，将各种同志军改编为川军第二师，并拉拢一些哥老会头目，鼓吹"功成不受赏，长揖归田庐"，将川西数十万同志军遣归乡里。

二是断然的武装镇压。如无锡都督秦毓鎏镇压无锡、常熟、江阴一带的千人会起义，湖北军政府刘公等镇压襄阳江湖会的起义。

三是遣散、改编和武力镇压相结合，先遣、编，然后对遣了以后不回家、编了之后不服帖的那部分会党采取严厉措施。如胡汉民、陈炯明为首的广东军政府，包括江西的做法基本属这一种情况。

还有一种形式比较特殊，严格地说不能把"账"算到革命党人的头上。在一些地方，革命党人执政后，对会党迁就接应，立宪党人遂借口发动政变，同时屠杀革命党和会党。如湖南的焦达峰、陈作新对会党相当迁就、倚重，立宪派乘机起而攻击，杀害了他们便即刻就向会党开刀。贵州的情况也可以归于这一类。

 帮会社团化及其失败

面对革命党人和新政权的取缔、镇压，一些比较有头脑和"政治抱负"的帮会头目开始尝试适合于新的政治制度的活动方式。同时也有一些与会党有渊源、情谊，靠会党起家的革命党人不愿意以取缔、镇压的无情做法来解决会党问题，而力图通过将会党改造成为无害的合法团来达到"化除固有秘密会党"并继续利用这一股力量捞取政治资本的目的。民国初年帮会社团化的努力就是在这样的背景下出现的。

1912 年 6 月，青帮首领应桂馨在上海筹划将青帮、红帮和哥老会公口三帮联合组织中华国民共进会。应在致沪军都督陈其美的呈文中表示，他此举的目的完全是为了"组织纯粹民党，实行取缔会党。各处支部成立后不准在外私开香堂，另立码头，剪除其旧染之习惯，免致与民国法律相抵触"。由于理由堂皇，又与新政府取缔会党的做法不相违背，加上应曾任沪军都督府谍报科长，与陈其美关系较熟，因此，陈对共进会的成立给予了相当的支持，并亲自列名发起。

7 月 1 日，中华国民共进会在上海成立。应桂馨出任会长。12 日，共进会发出布告，要"各省同志诸君""速派代表来申接洽为幸"，并很快在江浙地区设立了一些支部。不久，由于应桂馨本人参与策动武昌马队倒黎，遭到黎元洪的通缉；又由于江浙一带会党纷纷以共进会的名义进行活动，"恃众横行，扰乱社会秩序"，袁世凯及江苏都督程德全都找陈其美，要他解决共进会的问题。为示清白、明哲保身，陈其美"以该会当初组织之主张固属纯正，近乃大反本旨相对"，从此与应疏远。

9 月底及 11 月上旬，袁世凯又两次发布临时大总统令，宣称对秘密社会组织，"不问是何名称，均即按照刑律命令解散"，"倘再秘密组织，意图聚众滋扰甚或有阴谋内乱及妨害秩序各情事则刑律均列有专章，尽可随地逮捕，按法惩办"。11 月 20 日，袁世凯令国务总理赵秉钧"电饬程都督密查"共进会的"种种不法情事"。12月中旬，程德全发布训令，称中华国民共进会实系青红帮组织，着即勒令解散。而浙江都督朱瑞早在程之前一个多月即先发布《解散共进会示》："所有浙江各属之共进会，决计概令解散，以弭巨患而保治安"，如有不遵，"惟有遵照大总统命令，逮捕治罪，以重法权"。一些比较活跃的共进会人物惨遭杀害。在当局的查禁和严厉镇压下，共进会这个经地方政府核准公开成立的帮会社团被迫转入地下。稍后，由于应桂馨又受袁世凯收买，派人刺杀著名革命党人宋教仁，共进会的名声一落千丈，终致瓦解。

与共进会不同，社团改进会是由革命党人发起的。1912 年 9 月 28 日，同盟会员、长江巡阅使谭人凤和他的助手陈犹龙联合青红帮头目出身的第二军军长徐宝山在上海发起筹组社团改进会。谭人凤起草的组织草案规定：该会宗旨是"改良旧有秘密会党，维持地方永久治安"；会员吸收"凡属洪家兄弟姐妹"、"凡仿行洪家宗旨之团体或个人"均可加入；在组织机构方面，废除旧会党的体制，采用近代政党制度，设总理、副总理以及干事、评议等部；对教育会员、职业培训、兴办社会生计事业、安置无业会党成员等问题也提出了一些具体方法。

社团改进会的命运比共进会好不了多少。谭人凤也是靠堂皇的理由和个人关系谋得社团改进会湘支部在湖南省准予立案。但就在获准立案，刚刚在长沙某街挂上一块筹备会的牌子，还来不及建立具体的组织，更遑论去做什么"改进"之际，立宪派和权绅们已经群起反对，准备大举清乡，实行屠杀。谭人凤只好宣布作罢。到后来，"二次革命"失败，袁世凯发布《严禁、解散湖南会党令》，称"湘中会匪素多，自叛党谭人凤设立社团改进会，招集无赖，分布党羽，潜为谋乱机关，于是案集如鳞之巨匪皆各明目张胆，借集会自由之名，行开堂放票之实……其余并有自由党、人道会、环球大国民党诸名目同时发生，举动均多谬妄。着湖南都督一律查明，分别严禁、解散，以保公安。至此等情形，尚不止湖南一处，并着各省都督、民政长，一律查禁"。此后袁世凯又接连发布命令，重申对会党及会党社团的禁令。

至此，民国初年帮会社团化的努力彻底失败。一方面，当权者不仅不允许会党活动，而且也不能容忍会党以社团组织的名目存在；另一方面，会党分子自身素质较低，参加这些新的社团组织，依然我行我素，造成有社团之名、无社团之实的状况。外部环境不允许，自身条件不具备，应该说，这是帮会社团化失败的主要原因。

北洋军阀统治时期秘密
社会的状况

辛亥革命失败以后，中国进入了以袁世凯为首的北洋军阀的黑暗统治时期。在帝国主义的操纵下，军阀割据，混战连年，大大小小的军阀、官僚、地主、豪绅对广大农民进行空前残酷的压榨。人祸天灾，交相煎逼，贫苦农民加速破产，被迫背井离乡，四出逃亡。他们流浪江湖，弱者乞讨为生，强者投身秘密社会，为匪为盗。这一切使得进入民国以后的中国的秘密社会不仅没有因为政府的取缔、镇压而沉寂，相反却是大大增加、扩展神速。

一个特点就是人数多、分布广。民国年间帮会中人曾有过一个统计，说仅全国青帮人数就有 1.6 亿之多。数字不尽可信，但这一时期帮会人数的众多确是一点不假。据后来国民党中央调查统计局的调查，湖南省的红帮山堂共有 45 个，其中 21 个没有人数统计，其余 24 个计有 36.7 万余人，平均每个山堂 15000 多人。青红帮的势力主要集中在长江中下游地区，20 年代江苏徐海各属的青红帮发展特别迅速，一县有数千人的很多，像沭阳、砀山等地都是上万人。南方的两广、江西、福建等省主要流行三点会。到 20 年代，大刀会也在赣闽一些地区开始盛行。北方在民国时期主要流行红枪会、大刀会，20 年代仅河南省的红枪会人数就达到 150 万，如果加上直隶、山东、安徽等省，总计超过 300 万。据 1925 年中共六安县委的调查，大刀会在六安县占领全县 4 镇 8 乡 158 保，都驻扎香堂子。"先生"设香堂收学生，学生又设香堂再收学生，农民迷信他们，每个堂子都能收到数十个以至百十个"学生"。

20 年代前后中国秘密社会发展中的第二个特点就是往往会、匪结会，土匪特别猖獗。他们装备好，力量强，但破坏性也大。一些秘密社会与当地的武装土匪结合起来，许多土匪团伙的内部结构也与秘密会党完全一致。他们占据山寨湖泊，横行乡里，有时甚至攻城略地。据报道，20年代，苏、鲁、豫、皖四省边境，就麇集了大约二三十万武装土匪。1925年，河南一省就有50万土匪队伍，山东更有土匪近百万。其中拥有数百或数千人的大股土匪，山东有47股，河南有52股。历来土匪活跃的湘西地区有枪百杆以上、盘踞一定地盘者即有17股之多，枪支不及百杆及往来飘忽不定者，尚不知若干。南方的两广地带，民国成立以后，几度内乱战争，民不聊生，会匪、土匪结党横行。据1928年的调查，超过百人的土匪武装共有94股，106640人，新旧式枪支计71173杆，机关枪76挺。东北三省也是土匪活动特别猖獗的地方，仅吉林一省就有红胡匪24股，每股均在200人枪以上。

第三个特点就是秘密社会还由农村走向城市，在城市里也拥有很大的势力。尤其青红帮，在沿海和长江沿线的各大城市大肆活动。如长江线上人口不算很多的芜湖市，青红帮分子就有几万人。青红帮势力最大的是上海市，据《时报》1914年报道，仅红帮会匪就有数万之多，而青帮的人数更在10万以上。

与革命刚刚获得"成功"的那段时日不一样，在北洋军阀统治的混乱时代，对于秘密社会这样一股实力不容小觑的力量，各种社会政治势力都有心加以利用，而作为同盟会演进而来的国民党终于取得先手。

七　空前绝后：南京国民政府时期帮会势力的膨胀

从 1927 年长江中下游的青红帮势力参加国民党的
"清党"，为蒋介石"开国"立功到 1937 年抗日战争爆
发，这 10 年是中国秘密社会发展的"黄金"时期。特
殊的社会环境，各种政治势力的推助，造成了此一时
期中国秘密社会的空前膨胀和特殊"政治风光"。

四一二前后帮会势力的反动

北伐开始以后，随着军事上的胜利进军，北伐阵
营内部党务、政治上的情况却反而每况愈下，左、右
斗争日趋激烈。以蒋介石为代表的国民党新右派势力
日益右转，终至发动政变，清党反共，屠杀农工，建
立起蒋记南京国民政府。在蒋介石叛变革命的过程中，
帮会势力助纣为虐，充当了很不光彩的角色。

1927 年 3 月，蒋介石在江西赣州杀害了赣州总工
会委员长陈赞贤。蒋并指使部下纠集青红帮流氓捣毁
了左派进步力量领导下的国民党九江市党部和市总工

会,打死打伤职员和群众多人。帮会暴徒们在大街上狂呼"打倒赤化分子!""蒋总司令万岁!"当工人组织武装纠察队准备有所行动、解除暴徒武装时,蒋介石即派大队卫兵前往弹压,掩护帮会流氓撤退,并以保护为名派兵强占了市党部和总工会。为防止工人组织罢工,进行反抗,蒋并于当晚设立了九江戒严司令部。

几天后,蒋介石由九江乘兵轮到了安庆,很快就同青红帮头子朱规清、张培亭以及军阀陈调元、西山会议派分子陈紫枫等人打得火热。蒋要求原左派领导的国民党安徽省党部改组,容纳上列诸人,成立所谓统一的省党部。左派领导人表示,绝不能和军阀妥协,绝不能把西山会议派和帮会头子都吸收到党内来。"文改"不成,蒋介石便转而"武改",再次使用了在九江的办法。蒋直接指挥总司令部特务处长杨虎利用他的帮会身份和在家乡安庆的势力,以每人大洋4元的价钱收买、集结了大批帮会流氓。3月23日,这批流氓在杨虎的带领下,首先冲砸、捣毁了国民党安徽省党部,党部职员薛卓汉、江爱吾等数十人被打伤。接着暴徒们又涌向安庆女子职业学校,捣毁了设在其中的市党部、省总工会筹备处、省农协筹备处、市妇协筹备处,怀宁县党部也在当天被捣毁。流氓们"破",蒋介石"立",三二三事件后建立起来的安徽省政务委员会,由军阀陈调元任主席,杨虎、李因、刘文明等帮会头子也都进入委员会成为"政务委员"。

与九江、安庆事件发生的同时,在湖北阳新、湖南安化、江西兴国等地也都发生了帮会流氓围攻党部、工会、农协，屠杀进步人士的惨剧。所有这一切都成为蒋介石利用帮会势力在上海发动四一二政变的预演。

本来，上海帮会势力在北伐以后，出于对国、共等力量将来有可能得势之考虑，同时交结国民党和共产党，进行政治投机，他们对于北伐阵营内部愈演愈烈、日益公开的两党斗争一开始并不了解。但随着形势的发展，随着帮会与共产党之间越来越多的冲突，上海帮会日渐偏向并最终投向国民党蒋介石。帮会如此选择，原因是多方面的。

首先，国共力量对比，国民党明显占优，这是上海帮会选择的基本前提。政治上，北伐军锋头所向，打的全是国民党旗号，国民党因之声誉日隆；军事上，北伐军是国民党的党军，20 余万军队名义上概属国民党。共产党在工农群众中影响很大，但没有自己的正规武装，农民自卫军散布乡间，工人纠察队尚在组织之中，两相比较，强弱之势显而易见。

其次，帮会与国民党之间有着千丝万缕的历史关系。国民党的前身无论兴中会、华兴会、光复会乃至同盟会，均与帮会关系密切；国民党从反清起义、辛亥光复，到"二次革命"、反袁、护法，帮会都曾躬与其役；国民党的要人如已故的孙中山、陈其美，正任要职的蒋介石、王柏龄、杨虎，都与帮会有理不清的关系。孙曾进洪门，陈入过青帮，杨、王与黄金荣、杜月笙、张啸林"三大亨"拜过把子，而蒋介石据说也曾向黄金荣投过帖子，对江湖帮会中人而言，这些关系是很重要的，它使帮会头目取舍之间亲疏有别，在感情上先自偏向国民党。

使天平终致倾覆的决定因素还是帮会与共产党根本利益上的冲突，仅以劳工问题为例略加说明。上海帮会组织的最基本成员是全市各工厂码头的普通劳工，共产党发动劳工运动，要求废除包工、把头制度，打击工贼、监工、工头（这些人多为帮会小头目），引导工人提高觉悟做自己的主人，这就必然要触及帮会势力的核心，危及它的利益，动摇其基础。可以说，劳工运动使帮会头目日益感到共产党对他们地位的直接威胁，又怕又恨。在上海工人第三次武装起义中，帮会势力在虹口、闸北等多处地方同起义工人发生冲突。在杜月笙的家乡，杜一手建立的浦东商人保卫团也与暴动工人长时间僵持，电话打到华格臬路杜公馆，杜虽隐忍不发，暂继和局，但心中的恨意是可想而知的。

最后，国、共两党对帮会政策的差异，加速了帮会倒向国民党的过程。国民党、蒋介石此时对帮会是抱定宗旨，结纳以为己用，平时遇事也比较迁就，有时甚至出官、出钱、出物加以笼络、收买。共产党则相对要求较高，原则性强，政策来回反复因人而异，前后几经变化。北伐后汪寿华主持上海工运期间是中共同上海帮会关系最密切的一段，但从上海工人第二次起义失败，在各方压力下，汪的"联合"帮会策略也开始改变，部分革命人士出于对帮会不真诚合作的愤怒，还暗杀了不少被定为"资本家走狗"、"工贼"的帮会分子，这些都加速了帮会与中国共产党的分离。

　　因此，从上海工人第二次武装起义后至蒋介石到上海前，上海帮会与共产党日渐疏远，日益倒向国民党，并在实际活动中与中共力量发生过一些冲突，但彼此之间的联系并没有中断，帮会首领与中共人员还在往来，杜月笙等帮会头目还不愿公开得罪共产党。客观地说，上海帮会对于参加后来的四一二"清党"，一开头是有过某种犹豫的，因为一旦卷进"清共"，即与共产党彻底决裂，从此就将结下一个力量不可小觑的终身大敌，这是帮会分子所不愿意的。在帮会头目内心，如意算盘是，在国共两党中跟国民党，在总体上帮国民党，但也尽量不得罪共产党，来一个"刀削豆腐两面光"。

　　但是，上海帮会既然投靠了国民党，就不可能"两面光"。3月下旬，白崇禧、蒋介石先后抵沪，杨虎和东路军前敌总指挥部政治部主任陈群一起穿梭"帮交"，情况急剧变化。

　　当时蒋介石早已决定要在上海最后与左派力量"摊牌"，下定了镇压工农运动、屠杀共产党的决心，但用什么方式、什么力量、如何进行尚在筹议之中。驻守上海的蒋之嫡系第一、二师及二十一师，官兵多受革命影响，同情工农，用来"清共"不够稳妥，故蒋下令第一、二师于4月8日前分别开往南京，所有沪上防务调周凤歧第二十六军担任，自6日起，周部分别来沪接防。但周部实际只有3000人枪，数量上只与工人纠察队相当，加上系新收编的旧军阀部队，单靠他们行动没有把握。同时，蒋还有两重顾虑。一是洋人的态度。上海华洋杂处，正规军出动目标太大，易于引起外人误会或成为干涉借口，弄不好会破坏"清共"大计，动摇蒋本人的地位。二是防备万一失手，以武汉国民政府为中心的左派力量的反击，不公开使用正规军队，万一不成尚有转圜余地。因此，从国民党、蒋介石一边来说，最好是像在九江、安庆那样，动用帮会力量，利用他们的"民间"身份，借助帮会的庞大势力，来达到自己的目的。

蒋介石派杨虎、陈群专门负责联络上海帮会势力，蒋并利用他和黄金荣的旧关系亲自拜托黄"帮忙"。杨虎、陈群（后来又加上同三大亨也换过帖的王柏龄）一起，多次化装前往黄公馆，同以黄、杜、张三大亨为主的各路帮会头目不断进行秘密会商，并通过拜张镜湖为师、陈群与三大亨结拜等手段，把彼此双方的关系越结越密。上海帮会终于拿定主意，答应帮蒋介石"清党"，充当其反革命政变的政治工具。当即，双方就商定合作反共的初步协议两条：第一，帮会从此不但要拒绝帮助共产党，而且要"施展铁腕，以组织对付组织，以群众对付群众"，争取中共掌握的工人和群众，叫他们反过来打共产党；第二，尽快建立一支"民间"武力，一方面协助国民党"维持秩序，确保上海的安宁"，一方面负责"监视共产党掌握的武装工人，在适当时机一举加以解决"。

根据上述决策，4月初，针对上海总工会的"上海工界联合总会"正式办公，洪门龙头张伯歧、董福开名义上负责；针对工人纠察队、作为帮会充当打手

本钱的流氓武装组织"中华共进会"开始活动，名义
会长浦金荣，为青帮"通"字辈。两会的实际主持者
是三大亨、杨虎、陈群、王柏龄，后台老板则是蒋介
石、白崇禧和租界帝国主义当局。"共进会"集合帮会
徒众 16000 余人，装备长短枪械 12000 余支，很快组成
一支帮会流氓武装，由曾任过黄埔军校教授部主任的
王柏龄负责训练。怕力量不够，白崇禧干脆又派便衣
队编入其中作为骨干。同时，由杜月笙出面，向租界
当局"借路"，将"共进会"人马埋伏在租界内，以
便行动时能够出其不意地向工人纠察队发起突袭。

在随后的四一二反革命政变中，上海帮会的助纣
为虐主要表现在以下几个方面。

其一，于政变前一晚在杜月笙家谋杀了上海总工
会委员长汪寿华。

其二，政变中充当国民党右派的工具，屠杀革命
人士，是发动政变的主力之一。4 月 12 日凌晨，以杜
月笙把兄、洪门龙头张伯歧为总指挥的帮会流氓大军
在租界当局的配合下，分路进攻工人纠察队各驻地，
杀害工人 100 多名。军阀部队随以"工人内讧"为借
口，收缴"双方"武器，纠察队枪械 3600 余支被骗
缴。在紧接着的大搜杀中，帮会分子也是血债累累，
杜月笙的心腹大将芮庆荣担任清党委员会的行动大队
长。杜、芮甚至还同杨虎一起率打手远赴宁波支持蒋
鼎文清党。

其三，政变后为国民党新右派搜集情报，替蒋介
石做舆论试探。12 日深夜，帮会头子得到密报，工人

次日将罢工示威，集会抗议。杜月笙立即打电话报告陈群，使第二十六军得以预先做好第二天大屠杀的准备。13日，陈群得白、蒋指示，亲拟通电一份"倒填日期"（11日）交三大亨联名发表。黄、杜、张不仅联名照办，而且即刻赶印4000份四处散发。15日，又由帮会头子和国民党当局拼凑所谓的"民众组织"60余个在各报刊发出致蒋、白电，吹捧三大亨为"救国义士"，希望全国各地一致仿效，以此来试探外界反应。16日，陈群奉蒋指令，要杜等出面公开招待新闻界，发表反共谈话。只是在经过这一系列的试探和表演后，蒋介石才不再掩饰，公开打出旗号。

四一二政变后，各地帮会中的反赤分子纷起效法上海、江苏、安徽、湖南、湖北的帮会势力相继追随国民党反动派掀起叛变革命的浪潮。

在江苏，驻无锡北伐军军官、右派头子邹广恒早在四一二政变前就已与青红帮头目经常联络策划反赤。4月14日，邹等按照蒋介石、吴稚晖的指令，率商团武装和一批青红帮打手向设在城中崇安寺的无锡总工会发动突然袭击，杀害总工会委员长以下几十人。流氓还捣毁了无锡《民国日报》和县农协，帮同国民党当局到处捕杀进步人士。

在安徽，青帮头目高车澄接到蒋介石的密电，携带"跨党分子"名单乘轮赴宁面见蒋介石，"蒋氏谕令，本月18日国民政府宣告成立，务须在此之前，对芜湖跨党分子及一切违反宗旨之越轨行为者，严予取缔"，并助给枪支500杆，子弹若干。17日，高返回芜湖。18日青帮流氓武装团伙配合芜湖反动军警在全城实行大搜捕，砸毁了国共合作的芜湖市、县党部，并向工、农、妇、学等民众团体开刀。

在湖南，长沙红会流氓捣毁左倾的国民党党部、工会、农协、妇联等，残杀了共产党支部的负责人和左倾的国民党员。马日事变后，国民革命军第三十五军军长何键并派帮会流氓、醴陵人彭成美充任清乡司令，还乡"算账"，大肆屠杀。

在湖北，据杨虎在其自传中回忆，由他通过帮会关系替蒋介石收买流氓破坏武汉国民政府，"红帮头子杨庆山、黄联宾、王子林、梅正汉等给予助力尤多"。后来七一五汪精卫分共，杨庆山等又帮同反赤，再立"新功"。

当然，并非所有的帮派和帮会人士都听命于蒋介石，甘愿为其充当打手，有的甚至反其道而行之。如曾列名上海中华共进会发起人的洪门大哥徐朗西在四一二政变后就曾冒着风险积极营救沪、穗革命志士。只不过，在当时的情况下，帮会中的这种人和事实在是太少了。

② 上海青帮势力的恶性膨胀

政变成功，蒋介石对上海帮会头子论功行赏，三大亨同膺蒋之总司令部少将参议，其他党徒张伯歧、徐福生、董明德等也都纷纷被委以要职。杨虎、陈群更因在蒋、帮之间联络有功、策动帮会"革命"有方而获得重用。在不久后的上海之行中，蒋介石盛宴款待黄金荣、杜月笙等帮会头目，当面称赞他们"是识时务的俊杰"。这年黄金荣 60 岁，蒋从会议中特地抽空 1 小时前往拜寿。消息传出，三大亨的手下、共进会的徒众"一个个眉飞色舞，口耳相传，都觉得与有荣焉"。

蒋介石对帮会头目如此礼遇，除了酬劳其政变之功外，更主要的是因为蒋在其后的统治中仍需要大大借重帮会的力量。而帮会头目也投桃报李，在许多方面同国民党政权"竭诚合作"。在政治上，他们尽心尽力，继续配合、参与国民党的"清党"，帮国民党从租界捕捉藏身其中的共产党人和其他异己分子，为国民党排解纠纷，沟通中外，"安定"上海的"社会秩序"；在经济上，帮会和国民党当局"合作"经营鸦片贸易，共享暴利。三大亨并帮助蒋介石敲诈江浙资产阶级。正是由于同政权力量这种不寻常的关系，加上上海三界四方（华界、法租界、公共租界，而华界又被租界分割成南市和闸北两大块）的特殊环境，使得上海的帮会势力在"四一二"以后急剧发展，力量恶性膨胀。除了人数上的大量增长而外，上海帮会势力的发展突出地体现在以下几个方面。

一是政治能量惊人。帮会已经发展到这样的程度：它的头目可以"摆平"许多连中外当局都莫可奈何、无法解决的政治、经济、社会甚至外交上的难题。比如杜月笙的势力和关系通达各个方面，确实可说是上通下通、里通外通、黑通白通，他的"信誉"和能量使他在国民党新军阀混战、各派之间钩心斗角、你争我夺的情况下可以为不同政治派系间的联系、讨价还价提供中介、充当保人，甚至在民主人士与南京政权之间、国共两党之间，杜都充任过居间保证的中介人，其神通之大可见一斑。

二是经济实力大增。上海帮会在"黑"、"白"、"灰"三业的经营上都取得了巨大的成功。

传统的走私贩毒包赌包娼等黑业空前兴旺。以烟为例，三大亨的三鑫公司除包洋轮为其运"土"以外，自己还备有两艘300吨以上的轮船，专跑外洋载运毒品。长江线上的运"货"木船为数更多。杜等在上海、四川、广东等地开设的提制吗啡、海洛因、可卡因等毒品的工厂就有数十处，专制红、白、蓝等各丸及金丹等的丸药厂数十处。两种工厂在各地的分厂若干。杜的外洋运土船跑一趟，国民党政府可以收200万元左右的报效费，国民党每年从杜的毒品工厂收得的"正常税收"有五六百万元。由此不难想见帮会自身获利的可观。

帮会合法经营但暗中兼做非法勾当的旅馆、浴室、戏院、车行、舞厅、市场等"灰色行业"在旧上海也格外发达、繁荣。如黄金荣先后开有日新浴室、大观园浴室、荣记大舞台、黄金大戏院、共舞台等。经营这些服务性行业，赚钱容易，利润高。

上海帮会超出其前辈的高明之处更在于其成功地打入了上海的金融工商界。1929年杜月笙创设的私人银行中汇银行开张，成为中国帮会发展史上一个重要的里程碑。从此，帮会势力进入到一个全新的领域。以中汇为起点，杜月笙在金融界扩展势力，广泛寻求同盟者，用各种手段同他们建立关系。1931 年上海商业储备银行遭到挤兑，面临倒闭，危急之中杜月笙动员手下集资 200 万元支持该行，并亲携现款 100 万元到场当众储存，挤兑风潮终告平息，该行老板陈光甫由此欠下杜一笔人情债。此后唐寿民的国华银行遇险，也是杜月笙运用国民党上海市社会局长吴醒亚等的关系和他在新闻、劳工界的力量，危急中替国华银行解了围。其他著名的银行家如张嘉璈、徐新六、周作民、秦祖泽、胡鼎易等也都因各种各样的原因与杜等帮会头目建立起协作关系。杜很快又成为中国通商银行的董事长、中国银行等银行的董事，当上了上海市银行公会的理事，成为上海金融界举足轻重的人物。

在金融界站稳脚跟后，杜月笙的触角很快又伸向工商领域。同样依靠自己的帮会势力基础、政治关系背景和翻云覆雨的手段，杜在工商界横冲直撞，巧取豪夺，由收买华丰面粉厂开始，在 30 年代初，先后当上上海面粉交易所、大达轮船公司、纱布交易所等三十几个金融工商企业的董、理事长，至于常务董、理事以及一般的董、理、监事，为数就更多了，杜俨然成为上海金融工商界的"巨子"。

除杜月笙以外，张啸林、黄金荣等帮会大头目们也纷纷自觉或不自觉地"改邪归正"，涉足合法的金融工商事业，开办或投资"正当"行业。结果首先带来了帮会中、上层分子的逐渐资产阶级化。帮会大头目们已越来越多地成为工商金融大企业的老板、股东、董事，有的还亲自担任总经理；许多帮会的中层人物也当上了一些中小企业的老板，同时，杜月笙等日渐资产阶级化的帮会大头目在资产阶级中所吸收的越来越多的"新式"徒众，又补充、壮大了帮会中层人物中"老板"的队伍；而作为帮会下层的普通成员，也纷纷成为其"师傅"、"先生"企业里的"员工"（许多人原本就在工厂做工）。因此，可以说，上海帮会中无论上、中、下各个阶层的人，都有相当数量卷入了帮会资本主义化的过程。

与杜月笙等人日渐资产阶级化，上海帮会出现资本主义化的同时，上海的资产阶级也日益"帮会化"。尽管上海资本家一开始对杜月笙等帮会头目很看不起，多敬而远之，但随着帮会势力对整个社会生活渗透与影响的扩大，帮会头目地位的提高，一些人或因对帮会绑票的恐惧，或为免地痞无赖的滋扰，或冀求碰到家事纠纷、绯事艳闻时有人出面帮忙做主，或出于杜月笙等"善于调处"工人罢工的考虑，每每要通过关系与帮会头目搭上线，或请其投上一点资本，担任一个名义，或者干脆径送干股，甚至递门生帖子、结为拜把兄弟的亦大有人在。张子廉、杨管北、徐懋棠、孔祥篪、骆清华、章荣初等投在杜的门下；郑仁业、王云浦、谢克明、陈菊生、郑筱舟等则拜黄金荣为师。地位更高一些，在上海资产阶级中响当当的人物如上海商业储备银行总经理、上海银行公会理事长陈光甫，交通银行董事长钱新之，大业公司总经理李桐村，中国旅行社总经理陈香涛，盛宣怀之后、上海滩上有名的豪富盛升颐以及徐尔康、朱筱竹、张竹平等，不甘于拜在黄、杜等的门下，便转而投在军阀出身、当过通海镇守使的青帮"大"字辈张仁奎（镜湖）门下。闻兰亭、林康侯、袁履登等据说也入了青帮。他如王晓籁、虞洽卿、顾馨一等上海资产阶级的头面人物，虽未加入帮会，但与帮会的关系也很密切，多所交接，如王晓籁每月都从杜月笙处拿"俸禄"（每月 1600 元）。可以这么说，上海的金融巨头、工商老板既不是帮会成员（多系空招牌）又与帮会无关系的几乎找不到，有也只会是一时的，很快他就会"帮化"，否则定难立足。

帮会资产阶级化和资产阶级帮会化的结果之一，就是帮会在上海金融工商界中具有了非同一般的力量。

三是渗透社会的程度空前。在 1927 年以后不太长的时间里，上海帮会迅速扩张了自己的势力，党政军学、工商金融，几乎是无孔不入、无所不在。一般与帮会关系密切的贩夫走卒、三教九流自不必说，一些政府的高级官员、工商金融的赫赫巨子包括一向同帮会没有关系的教育局也都成了帮会活跃的场所，章太炎、杨度等目高于顶的大师才子都是杜月笙的"朋友"，而上海市教育局的督学杜刚以及上海美专的刘海若、中国医学院的总务主任朱鹤皋等更拜了杜门，成为杜的学生了。

四是社会地位大为提高。此前帮会一直是不见容于政府、不齿于社会，始终和镇压、取缔联系在一起

的，根本无法进入"正常社会"的圈子里面。上海帮
会通过政治赌博，一宝押中，获得了来自新政权的纵
容与庇护，国民党历届上海市长与党部负责人同帮会
头目的关系都很密切，"融洽""无间"的时候居多；
通过进军合法的金融工商界，帮会不仅仅是增强了经
济实力，更为重要的是帮会头目身份的改变，他们日
渐资产阶级化，成为上海资产阶级中一个特殊的阶层，
过去为上海资产阶级上层人物所不齿的白相人已经成
了与他们一样有钱有势有地位的金融工商巨子，上海
的上流社会终于接纳了杜月笙等政治化、资产阶级化
了的帮会头目。上海资产阶级的五大团体（市商会、
地方协会、银行公会、钱业公会、航业公会），杜月笙
跻身其中四个的领导阶层，有的还坐头把交椅；同时，
帮会头目通过热心公益、赈灾济贫等"乐善好施"的
社会活动和对报刊、广播等舆论工具的操纵控制，大
大改变了自己的"社会形象"，获得了正常社会的认
同。帮会头目的政治、经济、社会地位大为提高，像
杜月笙等人确实是谈笑有鸿儒，往来无白丁。1931 年
6 月杜氏家祠落成，竟惊动了上上下下方方面面。政府
方面包括蒋介石、中央各部院长、各省市军政长官齐
来捧场，汪精卫、胡汉民当时一因避难广东、一因遭
蒋囚禁而未能赶上"盛会"，事后还都各做补救；金融
工商界的头面人物包括虞洽卿、王晓籁等悉数帮忙，
有的还腆着便便大腹出劳力，打下手；洋人一头可以
说驻沪的外国领事、将军、总巡等，个个有所表示，
亲临致贺的占了绝大多数；社会各界各团体协会送来

匾额花篮无数，连圣人之后孔德成也给杜月笙送匾祝贺。杜月笙的风光、威势与地位，那是过去的帮会头目想都不敢想的。其他如1932年黄金荣的黄家花园落成，1936年张啸林过60大寿，也都成了要人名流的大聚会，帮会头目政治与社会势力的大检阅。

五是靠了上述的政治关系、经济实力、全方位的渗透和社会地位的提高，上海帮会在30年代成功地建立起一批新型社团，通过组织形式的变革，最终使上海帮会取得了合法的地位。

成立最早、影响最大的新型帮会社团是1933年11月成立的杜月笙的恒社。它的成立得到了南京国民政府社会部的批准，并在法租界注册登记。建社的宗旨最初标榜为"联络感情、互相扶助"，后来组织者又进一步总结为"进德修业、崇道尚义、互信互助、服务社会、效忠国家"，而事实上它是杜月笙和恒社成员积聚私人政治力量、扩大社会势力、捍卫并进一步攫取社会地位的重要工具。

恒社的组织系统，表面规定由社员大会选举产生，实行集体领导。社章规定，最高执行机关为理事会，"其人选由社员大会推定之，任期二年，连选得连任，但不得过三次"。"理事会下设常务理事会，以常务理事9人组成之，在理事会停开期间代表理事会行使权力，其人选由理事会推定之"。社章还规定，社员大会每半年召开一次，"如有特别事故或经社员30人以上之请求，理事会得召集临时社员大会"。理事会设总干事1人，副总干事1～2人，处理日常事务；下设总务、组织、财务、京剧、交际、职业介绍等组。应该说，它完全符合近代社团的形式。但实际上，恒社理、监事会，人选一向由名誉理事长杜月笙事前指定，只在社员大会宣读名单，"大家照例举手通过而已"。社的权力既不在社员大会，也不在理事会，而在杜月笙个人。一切社务总是先由他作出决定，然后通过理事会或社员大会，作为大家的决定。恒社是杜月笙御用的组织工具，是以帮会首领为偶像崇拜，在杜月笙家长制统治之下的一个变相的帮会组织。

恒社成员的吸收，章程规定由二人介绍，填就志愿书，经理事会通过即可。但实际上，加入恒社有一个先决条件：必须先拜杜门——先找和杜有关系、够交情的人向杜说妥，获得同意后再用红帖子开明自己的祖宗三代，写上"愿拜门下听从训诲"的话，由介绍人和本人具名，然后按约定时日携礼前往杜家举行仪式，最初仍要向杜跪拜，后来改为三鞠躬。比之青帮的入帮有相类之处，也有改革简化的地方。但拜了杜门的徒弟、门生并不是所有人都能加入恒社的，参加恒社的都要有一定的社会地位，"重质不重量"，社员的选择要求比较高，这是恒社与旧式帮会最大的不同之处。在恒社中，有许多是声名显赫的人物，多的是"党国栋梁"、"社会中坚"和工商领袖。

恒社与国民党的关系十分密切，成员中国民党的党政军警人员极多；国民党的许多要人对恒社也极为关心，像吴开先、洪兰友、戴笠等一大批要员，均是所谓的"恒社之友"，对恒社的活动极为捧场和支持；

恒社在社会上十分活跃，参与了国民党大量的党务、政治、军警特工作。因此，一定意义上，它又成为蒋介石、国民党的御用工具。

　　恒社而外，属于青帮系统的还有 1935 年 5 月经上海市政府社会局批准立案成立的张仁奎的仁社；1936年成立，以黄家花园内蒋介石题碑取名的黄金荣之忠信社，都是比较有名和影响的社团化帮会组织，朱学范的毅社则在上海工界较有实力和影响。其他还有张克昌的畅社、黄振世的振社、韦作民等的文社以及星社、春社、景社、鉴社等等不一而足。属于洪门系统的则有旅沪广东帮的上海市洪顺互助会、永乐联谊会、聚胜和体育会、侠谊社以及由五圣山等 30 多个洪门团体联合组建的洪兴协会等。新型帮会社团具备了近代社团的形式，从而获得了政府的正式承认；社团内部决定成员地位的不是字辈而是实力，促使帮会徒众"锐意进取、奋发向上"；上海青帮组织内部按照各帮首的实力地位重新组合协调，一批有眼光、有魄力、"才华"出众的新人取代了旧日当家的"大"字辈。这一切，本是帮组织空前发展的结果，又反过来为帮会势力的进一步膨胀开辟了新的途径和可能。

 ### 各地秘密社会的发展

　　与上海帮会势力急剧膨胀的同时，各地秘密社会也都有了不同程度的发展。

　　在西南，袍哥势力格外活跃。在西南的军阀混战中，袍哥们各为其主，彼此厮杀，常常是见利忘"义"，来回反正；在30年代川军对红军的进攻、"围剿"中，"袍哥"既是正规军中的主力，又是土匪、自卫团的基本成员；仗着有人有枪，袍哥武装互相之间你争我斗，在地方上为非作歹，鱼肉乡里，成为地方上的一大祸害。

在西北，红帮发展迅速。据估计，在1931年之后不到10年的时间里，仅甘肃一省就有大约10%的农民、10%的军政教育界人士、20%的商界人士、30%的工人以及30%的乡镇长、保安团队官兵加入了红帮，其中比较重要的山堂有1935年开山的中华山、五龙山、兴龙山等，各省会员数万人。

在山东，从1930年9月至1938年1月韩复榘任省政府主席期间，由于韩的纵容、支持，青帮再度兴盛起来。韩先支持原河北省督办、青帮"大"字辈李景林开办山东国术馆，广招青帮门徒。稍后，韩本人并派人到上海请求原通海镇守使、青帮"大"字辈张仁奎收他为徒，韩手下的师长如孙桐萱、李汉章、曹福林等纷纷效法"主席"，拜张为师加入青帮。省民政厅长李某自己虽然没有入帮，但让儿子拜了一下老头子，以免不合时宜或者将来吃亏。值得一提的还有在山东生成并很快向全国蔓延的一贯道。一贯道初创于光绪年间，是一个势力不大的民间秘密宗教迷信团体，迄20世纪30年代势力基本局限于山东境内。1932年，道士出身的张光璧（又名张天然）接管道务，大肆发展组织，至1936年前后仅仅四年的时间，山东济南、青岛、兖州、曹州、单县、滕县以及京津一带都有了一贯道的组织。1936年冬，国民党将张骗至南京，经谈判达成协议，从此在国民党政府支持下，一贯道在各个城市公开设坛布道，势力渐向四方扩展，并由一个单纯的封建迷信团体一变而成为国民党操纵利用的反动会道门组织。

湖北的红帮组织也因为帮国民党"反赤"有功而获得了空前的发展，这其中，红帮山主杨庆山起了很大的作用。1930年10月，杨庆山由上海回汉口，就任"讨逆军"第三路总指挥部总指挥何成濬的参议。次年2月，何就任陆海空军总司令武汉行营主任后，命杨负责筹建侦缉处，以杨为处长。由于杨回武汉后开了道德善堂，广收洪门弟兄，他的红帮势力可以说是遍布长江、汉水的码头，粤汉铁路沿线及武汉三镇的人力车、旅栈业、餐饮卫生、游艺场所各处，消息十分灵通。在杨任职期间，侦缉处利用红帮流氓势力先后破坏了湖北省总工会、武汉市总工会、海员工会、粤汉铁路工会、平汉铁路工会、店员青年联合会、革命青年联合会等共产党组织数十个，顾顺章以及中共武汉市委书记尤崇新等即是为该处所捕杀。1932年11月侦缉处撤销后，杨庆山还因为反共有"功"而被调任武汉绥靖公署少将参议。后来负责稽查处的湖北省保安处调查科头目朱若愚，也是靠利用红帮流氓势力进行特务活动。

其他如贵州、陕西、江苏、浙江、绥远、天津、安徽等地秘密社会的发展也都呈现出复兴的趋势。

八 分化和混斗：抗战时期
秘密社会的裂变

抗日战争时期，在外敌入侵、民族危难的考验面前，中国秘密社会空前活跃，出现了前所未有的大分化：有的深明大义起而抗敌，有的卖国求荣投敌作恶，还有些则首鼠两端，朝秦暮楚。大分化的同时又进行着新的大组合：他们分别汇聚到国民党、共产党、日伪政府三大"旗帜"之下，尚义与为非，各自作了尽情的表演。

 九一八事变后秘密社会的分化

1931 年日本帝国主义发动九一八事变，燃起了侵略中国的战火。随着民族矛盾的激化、上升，国内阶级关系也发生了新的变化，各阶级、阶层、各党派团体、各种地方势力和组织，除了极少数甘心卖国投降充当汉奸外，多数愿意、要求起来抗日。深重的国难、汹涌的抗日救亡浪潮也震动了各种各样的秘密社会组织，使他们发生了前所未有的大分化。

许多秘密社会成员和领袖深明大义，他们举行各种集会，大讲团结抗战，提出不仅要抱会党的义气，还要抱中国人的义气，保持民族的气节，发扬洪门的光荣传统，抗敌救国；成立各种各样的抗敌后援会、筹募委员会、慰劳委员会，从人力、物力、精神等各个方面支援抗日将士；许多海外的华人帮会也纷纷行动起来，蔡廷锴将军在其自传中曾提到，"华侨社团中有救国会、抗日后援会等，其组合宗旨已鲜明表露于名称者不论，此外之洪门会、致公党、宪政党、协义团、进步党、秉公社、安良堂、协胜堂、工联会种种，亦无一非为救国而组织之社团"。美洲洪门致公堂的司徒美堂为搞好筹饷工作，甚至"辞去其他职务专职筹饷"；不少帮会还建立起抗日的武装力量，直接开赴前线同日军血战。

东北的大刀会、红枪会抗日武装建立较早，九一八事变过后，很快就呈风起云涌之势。据统计，在"九一八"至卢沟桥七七事变这段时期，东北的大刀会众总数达 12 万人。他们作战异常勇敢，常常贴身肉搏，打得日寇闻之胆寒。原东北抗联第四军军长李延禄将军就曾深情地回忆过在"一面坡之战"中红枪会、黄纱会是如何用大刀和梭镖同日本兵血战、杀得日本兵仓皇逃窜的情形。辽宁大刀会曾经三打临江，第一次砍死砍伤日伪 20 多人，第二次砍死日军森村大佐以下 90 余人，第三次砍死鬼子兵 21 人。辑安县杨凤山法师率领大刀会配合辽宁民众自卫军攻打外岔沟，打死打伤日军 40 余人。辽北开原县大刀会，袭击县内八棵树日军守备队，60多名日军只有1人逃脱。1933年，大刀会出击东丰县猴石镇，歼敌60余人，并打死日军"剿匪"司令官横山大佐。值得一提的，1932年年底，在庄河县土城子屯，大刀会还曾在战斗中靠长矛捅死了日军一名将级军官。当时，大刀会得到日寇进犯庄河的情报，500余名会员在首领鞠抗捷的率领下，分兵两路，突然包围了日军驻扎的一家地主大院，晚8时左右发起攻击。日军凭借着精良的武器，不断从东厢房发出密集的扫射，大刀会进攻受阻，许多会员倒在血泊之中。硬攻不行，大刀会首领派青年会员王忠国率勇士10余人，迂回接近东厢房，从后门破门而入，砍死敌人的机枪手，外面的会员蜂拥而上，顺利占领东厢房。正当战斗临近结束时，突然从一房间钻出5个鬼子，大刀会员挥舞大刀砍死4个，剩下那个肥头大耳肩戴梅花军章的军官拒不投降，还想举枪顽抗，大刀会员们一拥而上，用长矛结果了这个顽固的侵略者。后来得知他叫森秀树，是日军的少将。如今在庄河县土城子屯还可看到一块当年日本侵略者为他树立的残碑，这个身经70多次战斗的刽子手，终于没有能逃脱中国人民对他的惩罚。

在整个抗日战争中，会门武装消灭日寇人数最多的一次战斗也是在东北。在吉林勃利县二道河子镇，10000多名红枪会员同时出动，消灭日军2000余人，红枪会也牺牲会员3000多人。

在华北和中原地带，红枪会武装也数十成百万地发展起来，仅河南信阳一地的红枪会就有会众七八万之多。他们在"抗日高于一切"、"保卫家乡"的口号下，奋勇杀敌，创造了许多奇迹。一个十几岁的少年红枪会员在枪林弹雨中用一支红枪夺获了敌人的机关枪；在凤阳，红枪会使用他们原始的武器于黑夜间冲杀敌寇数十名；在定远的一个小集镇上，红枪会员靠着锈蚀的旧刀冲入敌阵，每人带回几个鬼子的人头；在皖北，红枪会会员于山隘处以短刀截杀了20多个日本鬼子……

在华东一·二八淞沪抗战中，安徽帮首领王亚樵组织"敢死队"，配合十九路军袭击虹口日军司令部，黑夜中派人爆炸日军"出云"号兵舰。跟随王亚樵多年的帮会成员王阿毛，是上海北四川路云飞车行的汽车司机，痛恨日寇侵略，颇具民族意识。一天，日寇强征阿毛开车运兵数十人及武器弹药开赴前线。阿毛一看杀敌报国的机会到了。他把车子驶至黄浦江边，加大油门，冲入江心，与日寇同归于尽。延安文艺工作者曾排过一出《血祭上海滩》的短剧，据说就是根据王阿毛的事迹改编的。淞沪停战后，日本外相重光葵到上海，决定于"天长节"（日本天皇生日）在虹口公园开"淞沪战争胜利庆祝大会"。王亚樵密遣朝鲜爱国志士尹奉吉预先暗置定时炸弹于看台之下，炸死炸伤敌酋13人，白川大将被当场炸毙，重光葵也被炸断双腿。

但是，也有一些帮会分子丧失民族气节，认贼作父，特别是北方地区一些与日寇早有联系的帮会首领纷纷公开投敌，成为侵略者的可耻帮凶。

　　九一八事变后，沈阳的青帮"大"字辈祖宪廷、董业德、袁佐卿等人很快被日寇收买成为汉奸。1932年3月伪满洲国成立后，青帮"通"字辈傅子恒出任伪满第一军管区驻奉天第一旅少将旅长，伪奉天市各军事机关中有不少骨干拜在傅的门下，形成了一个新的汉奸帮会集团。其他如伪奉天省民政厅长、辽中县长、警政署长，包括日本宪兵特务队的队长也都纷纷拜师入帮。因此，东北青帮在日伪势力的支持下，盛极一时，成为日伪殖民统治的重要依恃力量。

　　日寇侵占东三省之后，又进一步制造事端图谋吞并华北。1931年11月，日本特务头目土肥原一手导演了由青红帮分子组成的天津便衣队暴乱。1935年塘沽协定签订后，土肥原又收买失意军阀政客、帮会流氓，策动所谓的"华北防共自治运动"。日寇先唆指白坚武等人三次行刺国民政府河北省主席于学忠，失败后又让前直鲁军警督察处长，青帮"大"字辈厉大森等人组织便衣队，以天津日租界为基地，配合日本特务和浪人不断骚扰天津治安，并在平津两地到处挑衅。

　　1935年11月，土肥原唆使国民党滦榆行政专区专员殷汝耕叛国，组织冀东防共自治政府，但殷汝耕等人根本控制不了华北的基层社会。于是，土肥原又设法拉拢在华北广开山堂的青红帮首领杜心五，要他开堂收殷汝耕为徒，成立"普安协会"，以作为所谓"华北国"的过渡组织，企图利用杜的帮会势力来加强对华北的控制。土肥原并拿出一张日本正金银行的支票，先以200万元给杜作活动经费。但杜心五颇有民族气节，严词拒绝了土肥原的要求，当众把支票撕得粉碎。土肥原老羞成怒，将杜扣押起来。据说杜心五在当天晚上就施展武功，飞身跃过院墙，剃掉胡须，化装成一火车司炉，在帮会徒众的掩护下潜往长沙。

无奈之下，土肥原退求其次，命黑龙会分子小日向从大连赶赴天津，在日租界中成立了以青帮为主体的"普安协会"，以前直鲁军警督察处长、青帮"大"字辈厉大森为会长，另一青帮头目袁文会为行动部长并兼日本宪兵队特务队长，小日向本人在名义上仅担任常务理事。为便于进一步控制青帮汉奸，小日向还经袁文会介绍拜了青帮"大"字辈王大同为师。其他还有一些日籍青帮分子加入普安协会，如天津青帮"通"字辈白云生的日本徒弟木村、高桥、野崎等。该会的主要活动就是遵从日寇的旨意，制造"华北自治"的汉奸舆论，伪造"民意"。后来"自治活动"低落后，该会经常性的工作转为造谣捣乱、刺探情报、帮同走私贩毒等等。

1936年春，日寇在策动、组织伪"蒙古军政府"和"蒙古军总司令部"时，又收买国民革命军第二十九军参议、绥远哥老会头目王英组织"大汉义军"，下辖5个旅，有骑兵2000及步兵6500余人，多是帮会徒众，由王任总司令，日本顾问则负责日常训练，提供装备，掌握"方向"。王英帮会武装为虎作伥，使绥远等地的局势日益严峻。后来经过傅作义部的坚决打击和分化瓦解，王英所部在红格尔图和百灵庙连遭重创，所辖5个旅有4个反正，"大汉义军"从此完结。

国民党控制下的秘密社会活动

国民党与帮会的关系本来就十分密切，全面抗战爆发以后，国民党政权中从中央到地方都有一些与帮会向有渊源的官员极力主张更好地组织、利用帮会抗日；而那些"素以保障民族为职志"的帮会头目也"请缨政府"，表示愿"与暴日一决生死，一息尚存，义无反顾"。因此，抗战时期中，在国民党有关当局、人员的组织、协调、控制下，许多帮会头目率领徒众"追随政府"，"共赴国难"。

一是组建各种各样的帮会抗日武装，与日寇周旋。其中最重要的是由国民政府军事委员会直辖的苏浙行动委员会别动队。

1937 年 7 月 22 日，上海的一些青红帮巨头由洪门五圣山主向海潜领衔"请缨"，声称有群众数十万人听候点编指挥。军统负责人戴笠认为大可利用，乃向蒋介石建议设立"军事委员会江浙行动委员会"，编制"别动队"。蒋认为可行，并答应"所有的番号、军械、弹药、粮饷，都可以由中央颁发"。戴笠随即奔赴上海着手准备。9 月 4 日，蒋从南京电沪，"令戴笠与上海青帮头目杜月笙合作，限一个月内组成一万人的武装游击部队，任务是配合国军作战，在上海近郊牵制阻击日军，并协同保安部队，严防和肃清敌谍、汉奸的骚扰活动"。7 日，蒋介石再次电催。于是"苏浙行动委员会"匆匆成立，委员有杜月笙、戴笠、俞鸿钧

（新任上海市长）、吴铁城（前任上海市长）、吉章简、蔡劲军（上海军、警两界负责人）、贝祖诒、钱新之（上海金融巨头）、杨虎（亦官亦帮）、刘志陆（军阀寓公），后来又加上半在野的宋子文和军方的俞作柏、张治中等。公推杜月笙为主任委员，戴笠兼书记长负实际责任。

10月，国民政府军事委员会苏浙行动委员会别动队正式成立，编制5个支队，每支队（比一个普通团大）辖3个大队（相当于营），大队下设3～4个中队（连），中队辖3个小队（排），全部编制10800余人，所有骨干均来自戴笠的军统和杜月笙的恒社。

别动队的指挥人员由杜月笙和戴笠分别推荐委任。其中总指挥刘志陆系杜推荐，总指挥部参谋长则由戴笠推荐杜的门生杨仲华担任，此外，杜还特派其门徒、国民党上海市第六区党部执行委员冯一先和他的私人秘书邱方柏分别担任行动委员会和总指挥部的秘书工作。

各支队的情况，第一支队支队长何行健（天风），身份十分复杂，是军统特务，入过青帮，也是杜月笙的学生，所部青、红帮的人都有，但以洪门向海潜的人为主。第二支队支队长陆京士，是国民党上海市党部的常委，著名的工特，也是杜月笙的大弟子，所部以在帮的工人为主，其中副官于松乔、大队长陈默以及张晓岩等都是既在军统又入过杜门。该队设支队部于周浦沈庄，驻扎在杜月笙的家乡浦东一带。第三支队支队长朱学范，上海市总工会主席，也是杜的学生，所部多为入了青帮的邮电职工，所辖各大队的正、副大队长以及再下的中、小队长，多数都是工会系统的骨干和恒社分子，基本均是杜的门徒。该支队设队部于明星影片公司内，驻扎南市、枫林桥、真如一带。上述3个支队可以说是杜月笙的基本队伍。第四支队支队长张业，系军统干部，所部全系戴笠在京、沪一带的部下。第五支队支队长陶一珊，本是淞沪警备司令部管军事训练的，所部系受训的店员、学徒、青工、学生等。

别动队的饷械装备，根据国民党中央的命令，"被服装具一律自备；武器弹药由当地驻军拨给"。但实际上，当地国民党驻军只拨了一部分武器弹药，实在不敷配用，所缺部分由杜月笙等人设法，或搜罗散失在民间的武器，或让金融工商界捐钱购买，或叫各区保卫团捐献，其中以保卫团的捐献为最多。据朱学范回忆，他们支队"官兵都是便装，不穿军装。大队长以上发给马牌左轮手枪，中队长发给毛瑟木柄六英寸手枪，士兵发给步枪，少数士兵发20发快慢机"。由此可见，在当时的情况下，装备还算可以，只是缺少重武器。

11月，苏浙行动委员会成军不久，日军在金山卫登陆。别动队即在浦东、奉贤、南汇、上海等地接替国民党正规军驻防，11月9日，开始投入阻挡日军精锐猛攻，配合正规军坚守的激战，起了一定的作用。但由于仓促成军，来不及进行系统的军事训练，缺乏实战经验，作战能力不强，损失惨重。上海失陷后，除第四支队在苏州河北岸全部阵亡、第五支队化整为零转入地下外，第一、二支队开赴浦东打游击，第三支队撤回租界搞地下抗日工作。

1938 年初，戴笠主持将苏浙行动委员会别动队改编为"忠义救国军"，自任总指挥，先后委派俞作柏、周伟龙、马志超等代为统领。新编的第一支队游击皖南；第二支队活动于浙西江山一带；在上海的残部则统一组织，由忠救军淞沪区指挥部负责，在川沙、青浦一带收集散兵游勇及残余枪械，伺机袭击日伪。

"忠义救国军"在戴笠的支持和帮会势力的踊跃参与下，发展迅速，至 1939 年春，已发展到拥有 16 个支队，27 个直属大队，两个教导总队，号称有 5 万余众。它打着抗日救国的旗号，暗中却勾结日伪，攻打新四军，与中国共产党领导的地方抗日队伍争地盘、闹摩擦，和当初别动队成军时抗击日寇、保守疆土的宗旨已相去甚远。

抗战期间，帮会抗日武装力量活跃的地方很多，东北、华北、华东、华中，日本侵略者所到之处，爱国的帮会成员纷纷起来杀敌。即如湖北，在武汉失守之后两个月的时间里，仅应城一地就出现了 3000 人以上的游击队，天门、汉川、安陆、京山等地也是同样盛极一时。这些游击队的成员十之八九都是哥老会的"哥弟"，而领导者也就是他们原先的头目。据载，在武汉撤退的大混乱中，有一位著名的大哥，把手下的哥老会徒众数千人全都发动起来，捡起败兵丢下的枪支，建立起一支帮会武装游击队，后来接受共产党的领导,发展成为一支纪律严明、打仗勇敢的队伍。新四军豫鄂挺进纵队,就是在这些游击队的基础上发展起来的。

国民党控制下秘密社会抗日活动的第二个方面就是帮会力量在开展地下工作中发挥了独特作用。特别值得一提的是上海统一委员会的设立及其工作。

1938年秋冬之间,广州、武汉相继沦陷,战争形势更加严峻,国民党最高领导层出现分化,汪精卫等人叛国投敌。由于汪在国民党内资格老、地位高,他的投敌带动了国民党中一大批党政人员附逆。国民党在沪大员也纷纷叛变,上海市党部常委蔡洪田、汪曼云等更率同市党部干部、职员携卷带印集体投敌,这就使得国民党政府留在上海的班底几乎全部覆没,地下工作顿形瘫痪。于是在蒋介石亲自指示下,国民党中央派杜月笙的好友(有人说是门徒——"出头弟子")、中央组织部副部长吴开先潜返上海收拾残局,重建国民党的上海地下组织。但国民党内部各派别、各系统派驻上海的人员却不肯合作,国民党上海市党部、中统、军统、三青团,互相牵扯,各不买账,吴开先大感头疼,"加强党务",恢复地下工作的成效不大。

1940年夏,吴开先自沪返渝述职,经过香港的时候与杜月笙一起"检讨上海方面工作经过",谈到他在上海协调工作的难处,杜乃向吴提出:"应即建议中央,统一沪上工作之指挥。"在吴"向中央建议"而没有下文后,杜月笙利用他"飞渝洽商金融问题"的机会"亲自"找最高当局"直接去说",蒋介石很快就决定组织沪上工作统一委员会,以协调在沪国民党各种力量的行动,改变过去互相轻视、争夺、扯皮等现象。

上海工作统一委员会直属行政院,中央和政府共同指定由军统局负责人戴笠、流亡的上海市长现任财政部次长俞鸿钧、前国民政府陆海空军总司令部总参议蒋伯诚以及杜月笙、吴开先五人为常务委员,杜月笙担任主任委员,吴开先兼书记长。在阵容如此强大的一套班子里,杜月笙为什么能当上这个"主任委员"?最重要的原因就在于国民党在上海已基本无人而杜月笙有人,他有一批心腹徒众留在了上海,后来即以杜月笙留沪替他代理对内、对外联系的万墨林、徐采丞作为"委员会"的总交通和"主任委员"的代表;参加统一委员会的各单位无论中统、军统、三青团还是军方、上海市党部,当时在上海的影响与作用没有哪个及得上杜公馆;特别是杜月笙与另几个委员的关系状况也显现出杜在五人中最兜得转,有威望:杜、吴关系之非同一般已如前述,戴笠与杜是拜把兄弟,蒋伯诚为杜的玩场知己,俞鸿钧则在上海常年吃杜的"俸禄"。因此,五人中自然以杜出任主委最为合适,只有杜月笙这样一个非国民党大亨能够调和国民党赴沪工作各机关的矛盾,统一各自为政的上海地下工作。蒋介石不但批准了杜月笙当主委,而且还特发"口谕":上海的阵地是不能丢的,以后请月笙先生多偏劳了。

在国民党内，军统与中统互相倾轧，由来已久，人所共知，除了"分而用之"的蒋介石本人，就从来没有谁能统一领导过他们。现在杜月笙居然能驾乎两者之上，"尽管是表面的，却是空前的"。所以蒋伯诚奉承杜的这个主任委员，"要论级么，见官高一级，因为主任委员是委员的头子；要问多大么，比上海市长还大，因为市长管不了当地的党和团；要讲阔吧，比行政院各部部长还阔，因为部长最怕特工，而你则在'特工'的首脑之上"。据说杜月笙听了"颇为得意，曾哈哈大笑"。

统一委员会的经费由行政院每月拨给 150 万元，其中 50 万元的特别费由在香港遥控的"杜主任委员"支配，大宗用于应酬退港人士、打通各种关节、建立联络通道等；日常经费 100 万元交由潜入上海的吴、蒋负责使用。

统一委员会运用上海帮会势力，很快恢复了国民党在沪的地下工作：安抚上海资产阶级，坚定其拥护"中央"之心，安排一些巨头内撤，不撤的也尽量劝告他们不得与敌伪合作，并成功地从上海工商界募得大量公债；帮助资源委员会内迁技术工人、知识青年；全力以赴，制裁汉奸。杜月笙特地向戴笠推荐他的得意门生陈默出任军统上海站行动组长，陈借助军统和杜公馆两支力量的支持与配合，在上海滩不时出击，一些投敌和将要投敌的著名汉奸、"准汉奸"如张啸林、俞叶封、傅攸庵等先后毙命。

最令帮会徒众得意、让蒋介石满意的是杜月笙运用他的力量成功地策划了高、陶反正。

高宗武，浙江永嘉人，早年留学于日本东京帝国大学，曾与犬养健同学。回国后，高很快获得行政院长兼外交部长汪精卫的赏识，并为蒋介石所器重，抗战初期升任外交部亚洲司司长，是"低调俱乐部"的骨干成员。国民党政府西撤后，高长驻香港专做与日本人接触谈和的工作，1938 年 11 月追随汪精卫叛国投敌。但随着时间的推移与日伪密谈的深入，标榜要"和平救国"而不当汉奸的高越来越感到不安，内心十分矛盾。1939 年秋，当高第三次赴日谈判时，见到日方开出的条件，比"二十一条"还要苛刻，这才意识到"所谓和平救国，等于将整个国家民族命脉葬送"，经与同乡父执、民国初年进步党的国会议员黄溯初老先生深谈，萌发"反正"之念。但高是已经落水的大汉奸，虽有心"反正"，心中自有当过汉奸、害怕受到惩处的顾虑，"反正"以前，需要有人同重庆国民党当局达成谅解，有所承诺，以免国民党"过桥抽板"，反手重算"落水"的旧账。黄溯初找同乡至好徐寄顾商量，徐力荐杜月笙，因为杜氏既同官府有极深的关系，有资格直接同最高当局联络；又有所谓"言语一句"、"一言九鼎"的江湖信义，正是高、黄所要求的最佳人选。

1939 年 10 月，徐寄顾找到自港回沪，刚刚下船的杜月笙在沪代表徐采丞，约略告之大概情况，即请徐采丞原船返港，请杜月笙"向渝速洽"。

11 月 5 日，杜月笙飞抵重庆，通过张群联络面见蒋介石，蒋明确指示由杜出面与高的代表黄溯初面谈，并要杜"从速返港，秘密进行"。不久，黄应邀抵港与杜密谈，并应杜所请将高宗武的"去日经过，密约要点"写成一份报告要略，由杜亲携再飞重庆面呈蒋介石。蒋给高宗武写了一封亲笔回信交杜月笙设法转达，表示：只要高脱离汪伪阵营，回到重庆方面，绝不追究，要做官就给以相当工作，愿出国就给资出洋考察，如其能将日汪密约带出，还有重赏。"欣慰之情，流露于行间墨里"。

高宗武得到蒋介石的保证，即预备潜离上海。但此时日汪密约的谈判已近尾声，为了盗出密约将功折罪，高决定等 12 月 30 日密约签订过后再走。而日汪方面为免机密泄露，防范严密，不管多小的纸片，一律不准带出会场。高宗武无法盗得密约原本，只好退求其次，将每次谈定的条文牢牢记住，离开会场后按原貌整理出来，再由其内弟沈帷泰拍成胶片，交高宗武夫人带至香港。

同时参加谈判的陶希圣对日汪密约的苛酷也有不满，不肯"白纸写上黑字"签他的大名，以装病拖延时日。高探悉陶的态度，在 1940 年元旦借探病拜年访陶，为绕室彷徨的陶提供了出走的机会。元月 4 日，高、陶在杜月笙留沪门徒的精心安排下，分别登上美国轮船"胡佛总统"号，于 5 日顺利到达香港。随后杜月笙又设法将陶的家小从汪的严密控制下救了出来。1 月 20 日，陶的 3 个孩子抵港，21 日，《日汪密约》见报，给方在筹建正式伪政权的汪精卫汉奸集团一个沉重的打击。

除杜月笙系统的青帮而外，洪门峪云山主、青帮"大"字辈徐朗西的门徒、军统特务程克祥也曾对周佛海传达过戴笠的策反意图。青红帮头目、军统特务郑子良在第三战区淞沪少将策反专员任上也运用帮会关系搞过一些策反工作。

国民党在抗战中运用帮会力量的第三个方面就是借助帮会关系进行战时物资运输。如镇江青红帮头目向春亭在抗战期间进川后，被聘任为交通部驮运管理所的高等顾问，专门负责自四川叙府至云南昆明的抗战物资运输，因为原来这一路袍哥、土匪太多，由驮马运送的货物时常被劫。向推荐叙府人、袍哥大爷卓甫臣也任高等顾问，然后在卓的"管事三爷"唐铁珊的陪同下向袍哥山主江沄洲"拜山"，以红帮自己人的关系请他关照沿途各方维护过境的抗战物资。江同意负责叙府至川滇边境一段，四川境内地界他有把握；同时对出川以后至昆明这一路，又介绍向等结识侧鸡镇舵把子张政卿，由张负责在云南境内的安全，从而确保了从叙府至昆明长达500余华里的驮运路线畅通。

应该说，杜月笙等一些帮会头目及其属下部分徒众在民族大义的感召和个人、团体利益的驱使下，在武装抗战、抗日宣传、交通情报、策反刺奸以及战时物资运输等方面，还是做了不少有益于抗战的事。

在地方上，一些国民党军政官员为了抗日、反共或发展个人势力，也在自己的管辖区域内扶植、利用甚至创设帮会。贵州省党部代理主任委员陈惕庐委派黄国桢为指导员，将所部国民党员中有帮会关系的人集合一处，组成精忠党团，全力支持帮会组织精忠社的活动。在精忠社向省政府登记备案后，各处的青红帮即公开活动，大开香堂、广收徒众。甘肃省党部执行委员马愚忱身在青帮，在职期间（1938～1944）利用权势在兰州大收徒弟，发展帮会，并称拥护蒋介石为青帮领袖。最绝的是"山西王"阎锡山，他别出心裁，先化名阎大成，冒称青帮嘉白帮"大"字辈前人，自行创立"安清进步委员会"。稍后，阎又化名齐继川，成立红帮组织"进步总社"，并按帮规开"民众山"，自任山主。他把山西省大部分国民党文武官员拉入这两个会内，让他们通过帮会组织的形式向外发展自己的徒众，共同听命于他。在进步总社成立时，阎提出了"领袖至上、山主至尊、组织至上、义气第一"的口号，而山主至尊是其中的核心。凡入民众山者，都必须宣誓要"服从山主，拥护山主"，一旦山主有了困难，保证"千里通风，万里报信"，甚至不惜牺牲生命。

正是在政府与帮会"合作抗日"、官方扶持帮会的大背景下，帮会在国统区大肆发展，势力迅速膨胀，而战时国民政府的首都重庆也成了各路帮会势力汇聚的中心，俨然天下帮会的"总堂"。

1937年11月日军侵占上海后，五圣山山主向海潜离沪西上，由汉口而万县，最后到了重庆。在袍哥首领范绍增等人的帮助下，向通过重庆仁字袍哥、军统特务罗国熙、原第二十军的师长夏炯联合礼字袍哥廖开孝等在重庆将仁义社各堂袍哥吸收、转入五圣山，五圣山由此开始在重庆打开局面，迅速在长江中上游扩展自己的势力。

青帮"大"字辈，洪门双龙头大爷、"太极山"和"长白山"两座山的山主、华北五省洪门各山堂的总山主张树声也辗转奔向重庆。途经开封之时，张宴请原西北军各级将领，第三十七师师长张凌云等十多位师旅长应邀赴会，饭后他们全体拜张树声为师，张在帮中的地位和在原西北军中的影响由此可见一斑。到重庆后，张先后编写了《民族精神》、《民族精神续录》两本有关青帮掌故的书，启发帮会的抗战意识，号召青帮徒众起而抗日。冯玉祥等人为该书题词，陈立夫、张继分别作序，对青帮、对书及作者大加赞誉。不久，张树声又编《洪门会概说》，根据时局修改了洪门十规要和洪门三十六誓，增加了抗日的内容。这几本书的印行，大大提高了张的知名度和他在帮中的地位与影响，在重庆进他的"香堂"（青帮）和"山堂"（红帮）拜他为师者人多面广，上至蒋介石的侍从室副官，下至中统、军统、各机关、水旱码头，都有他的徒弟。

1938 年 10 月武汉失守后，洪门太华山主杨庆山逃往重庆。他先拜会了田得胜、范绍增、石孝先、陈兰亭等袍哥头目，又邀得袍哥担任其太华、栖霞两山的香长。盟证后，杨在重庆继续进行帮会活动，广招川、鄂军、警、宪、政各界人物，扩大声势。汤恩伯部师长王仲廉、副军长李铣等都进了杨的山堂。李铣麾下所属6个团的全体军官又转而再拜祥李为大哥，集体加入洪门。

杜月笙也在太平洋战争爆发前由港赴渝，凭借着他和政府部门、各界要人的特殊关系在重庆重新创业，收门生，开银行，办公司，虽不如昔日在上海的声势威风，但先声所至，已足夺人，立法委员简贯三、空军司令毛邦初、师长孙元良等一批特殊人物秘密入了杜门。在成都，著名袍哥头目陈兰亭、冷开泰等召集全川袍哥舵把子1000余人盛宴招待杜等一行。原河南省政府主席张钫也曾集合陕、豫、鄂三省青红帮首领1000多人用罗汉请观音的方式开了1000多客西餐，宴请杜月笙。席间张还请杜坐上蒙有虎皮的首席大交椅。

各路帮会头目汇聚重庆，"天下英雄"济济一堂，便有人想乘此机会结成全国性的帮会组织。如1939年夏天，文社韦作民、仁社崔锡麟等人成立洪门丽华山后，即开始酝酿成立全国统一的洪门最高山堂。事为戴笠侦知，上报蒋介石，蒋指示要用软的手段来对付帮会建立统一组织的问题。于是，戴笠便请杜月笙出面，联络四川袍哥和外来的青红帮组织，筹划建立一个在国民党直接控制下的全国性的帮会团体。经过半年多的酝酿、准备，1940年夏，以"联合全国帮会抗战建国"为宗旨的人民动员委员会在重庆莲花池江苏同乡会礼堂召开正式成立大会。由于全国的帮会三山五岳、四海七洲，自成体系，各有帮统，谁也不能服谁，选不出一个会长来。纵使杜月笙是"自有帮会三百年以来最杰出的人物"，也无法得偿所愿。最后，经

过一番争斗，决定采用"集体领导制"，推选杜月笙、
杨庆山、向海潜、潘子欣、田得胜、张树声、冷开泰、
韦作民、李福林、梅光培、杨虎等 11 人为委员，杜月
笙、向海潜、张树声、田得胜、杨虎、杨庆山等 6 人
为常务委员，"而以戴笠担任幕后策划"，戴、杜共负
实际领导责任。人动会设办事机构于重庆戴家巷香水
顺城街 37 号，杜派其学生于松乔担任联络，戴则派其
得力助手、重庆卫戍司令部稽查长赵世瑞作该会秘书
长，军统重要骨干徐亮为秘书坐镇指挥。后来，戴又
将该会的工作分为上海市、津浦路、平汉路、陇海路
以及两湖、粤港等 6 个工作区，并为加强军统对该会
的控制，在赵、徐之外，又派了他手下专做帮会工作
的金玉坡常川驻会，与徐亮等共同负责指挥各区的工
作。据载，人动会成立后的主要工作是：秉承蒋介石
的意旨，常时向沦陷区发表通电，号召在敌占区的帮
会弟兄拥护"中央"，尽力抗战；协助国民党役政人员
"推行兵役"；组织募捐，最出风头的是搞"忠义献
机"运动，曾在重庆珊瑚坝机场组织大规模的"献机
典礼"，一次捐献飞机 20 架；组织"武装便衣队"，在
沦陷区"打游击"，开展"地下工作"。

　　国民党对帮会的利用在一些问题上收到了预想的
效果，但同时也不可避免地产生了严重的副作用：帮
会势力恶性膨胀，社会秩序更加混乱不堪，一些地区
和部门实际成了帮会首领称霸的独立王国，尤其是帮
会武器和帮会头目对国民党军队的渗透，更使蒋介石
不能放心。1940 年 11 月，国民党中央执行委员会发出

《帮会问题应付原则三点》，提出对帮会问题"本党对之固应注意"，但"不宜与之发生直接关系"，"可推定少数熟谙其中情形之同志负责，随时以个人资格与之周旋，并配合特务机构督导其活动，以免荡检逾闲之虑"。文件要求各级政府对"各地帮会组织已呈准备案者，暂时不予置理，设法使之不作公开活动，并由社会部负责严加督导"；对于那些尚未获准备案的，"一律妥为劝阻，如发生困难问题，可即由少数负责同志妥为调处"。1942年，蒋介石又亲自核定，向各党部密发了"严禁党员、团员及公职人员参加帮会办法"五项，"绝对禁止党员、团员、政府官吏及国营事业员司、军警和教职员、学生参加帮会组织"；"由中央分别密令各管机关通饬所属不得参加，其已参加者限期脱离，否则，一经查明，除开除党、团籍并撤职开革外，按情节轻重，从严处分"；政府高级公务人员参加帮会者由中统、军统"分别册报，通知退出，其有特殊情形，经中央特准者得暂缓退出"。但实际收效不大。

③ 沦陷区助纣为虐的败类

与国统区帮会"追随政府抗战"形成鲜明的对照的是，在广大沦陷区，当一些较有民族气节的帮会头目出走、投奔非敌据区以后，滞留原地的帮会人物除少数能明哲保身或偶尔悄悄做过一些有益抗战的事外，相当多的帮会头目卖身事敌，为虎作伥。

在华北，日寇收买利用一贯道，在日本特务头子头山满"万教归一"的招牌下，一贯道头子张光璧与日寇汉奸互相勾结，大搞"中日亲善"，张本人后来并担任了汪伪政权的"外交部"顾问。在日寇、伪政权的庇护下，一贯道在沦陷区迅速蔓延，1938年扩张东北，1944年传布华南，1945年开始又向四川等地发展，道徒日众，势力益盛，成为一个全国性的道门组织。

日寇侵占天津后，抬出年近80岁的天津青帮"大"字辈吴鹏举、原北洋政府财政总长也是青帮"大"字辈的张英华，指使他们利用青帮势力成立天津内河航运公会，以确保日军利用内河运输军用物资。日本特务渡赖、小野等人并拜吴鹏举为师加入青帮。日本华北交通株式会社水上警务段段长山田本一和天津铁路警务段司法主任执印省三则拜张英华为师。山田入帮后指使青帮土匪头子刘勋臣、崔锡九成立河防队，保护日军的水上运输。执印省三也利用青帮恶霸王士海组织所谓的"武装义侠队"，负责平津、津德、津榆等铁路沿线的治安。张英华在吴鹏举死后，还将原会扩大，改名为"中国内河航运公会"，自任会长，并在太原、石门、正定等地建立了分会。

北平早在20年代就有安清道义会的组织，会长为青帮"大"字辈魏大可。北平沦陷后，驻平日本宪兵司令部的山本大佐、山下大佐及冈村宁次司令部的顾问、日本本愿寺华北布道总监部赞事长兼本愿寺北平出张所主任光田良雄等都拜魏为师，加入安清道义会。后来，魏即和加入该会的日本人一起酝酿组织华北安清道义总会，以魏为会长，光田等为顾问。华北安清道义总会的成立得到了伪华北行政委员会内务总署的批准，经费亦由内务总署划拨。总会在西城狮子胡同军阀张宗昌原先的公寓里，设有秘书处、总务科、道务科、宣传科、救济科等，主要活动是收集华北八路军活动的情报，为日寇效劳。

此外在济南、大同、石家庄等地亦先后出笼了各种名目的汉奸帮会组织，为日本人卖命。

沪宁一带原本是青红帮势力最为强大的地区，又是伪维新政府、汪伪政府的所在地，因而汉奸帮会的组织与活动也就格外猖獗。

日军攻陷上海，杜月笙离沪赴港，但他的"啸林哥"、"金荣哥"都留下不肯走。在日本人的拉拢下，张、黄颇感心动。黄先命其门徒杨正心担任漕河泾维持会会长，但国民党潜伏特务及时暗杀了杨，"并函张、黄，劝勿助房为暴"。在国民党、包括杜月笙等人的劝服和压力下，黄托病闭门谢客，拒绝出任黄道会长等公开的伪职。黄本人虽未"出山""下水"，却派遣他的众多党羽门徒参加汉奸组织。他的徒弟郝鹏举当上了伪淮海省保安司令，过房儿子陶雪生担任伪淞沪铁路护路团司令，伪和平军集团军司令李长江、军长颜秀吾、师长田铁夫、丁聚堂等，都是黄门"高足"。黄并推荐得意门生卢英出任伪上海市警察局长。1940 年汪伪政权开张，黄派代表赴宁祝贺。1942 年黄的结拜兄弟陈群就任伪江苏省长，黄亲自出马，率领大批徒众乘坐专车赶往苏州捧场。在黄、陈的安排下，整个江苏省的各级汉奸机构中安插了大批黄门弟子。

张啸林最初和黄金荣的做法差不多，但经不住日伪的进一步拉拢，决意"下水"投敌。1939 年，他在日本特务机关的授意下，组织"新亚和平促进会"，召集门徒为日军采购，运销其急需的煤炭、大米、棉花等重要物资。由于张"起自杭州"，在浙江官场及帮会中都有人，因此汪伪政府有意邀他出山担任浙江伪职，张本人也十分起劲，当时外间已有谣传，说他将出任伪浙江省长。但等不到谣言成真，张尚未走马上任，重庆方面就已派人将其刺杀。

最铁杆的帮会汉奸要数上海闸北的青帮"通"字辈常玉清。早在 30 年代初，常就同日本特务机关有了往来。一·二八淞沪抗战期间，常秉承日本特务川岛芳子之命，派人到苏北盐城等地招收 10 岁左右的男孩 50 名，经上海虹口送经日本接受黑龙会的特务训练。同年 4 月，常在日寇的授意下，伙同胡立夫组织上海北区市民维持会。但随着《淞沪停战协定》签字，侵沪日军陆续撤出闸北、吴淞，维持会也随之瓦解，胡立夫被国民党政府逮捕处死，常仓皇逃亡大连，转赴日本。1937 年初，先前由常派送出国的苏北男童均以日侨身份返回虹口，前往江浙沿海调查军队的驻防情况和海防布置。八一三事件后，这些人又以卖冰棒为掩护，到南市、闸北、浦东等中国军队的驻防地点收集情报，为日寇效劳。日军攻陷上海后，常本人卷土重来上海，当了几个月宝山县长，马上恢复本行，出任日本人组织的御用帮会组织黄道会会长。在日寇的指挥下，常主持的黄道会成了在上海，特别是在上海租界制造恐怖、镇压抗日活动的汉奸暗杀团体，行凶杀人、投掷炸弹是黄道会最基本的两项工作。黄道会的汉奸特务活动并不仅仅局限于上海，常曾多次派人"分赴各地，混装乡人，侦察我游击队驻地及情况"。

1938年秋，常玉清前往南京，联络当地青帮人士，以复兴安清教为名，策划组织"中国安清同盟会"。年底，经日军特务部、伪维新政府批准，该会正式成立，常玉清为委员长。在日伪政权的大力扶植下，苏、浙、皖等省市县的青帮汉奸们纷纷申请要求设立安清同盟会分会，并很快在地方上形成势力。

1939年，在汪精卫逃出重庆与日人接洽"和平"的具体问题时，青帮"大"字辈张德钦、樊瑾成、李琴堂、阮慕白等人在上海发起成立"中华道义协会"，为日本人张目。1940年3月，汪伪政府成立后，十分注意利用帮会，曾派伪社会部部长丁默邨找张德钦、常玉清谈话，要他们将道义协会与安清同盟会改组合并。这样，1940年5月15日，中国安清总会在南京曾公祠4号成立，日、伪军政要员多人前来参加成立典礼。该会以常玉清、张德钦、张英华3人为常务理事，出版有会报《民报》，以常为《民报》理事长。至此，常玉清以青帮总头目自居，"重行整理订立章程、帮规等等，并于各地成立分支机构"，到1941年5月止，仅仅一年的时间，中国安清总会已在江苏、浙江、安徽、河北、北平、山东、湖北等地设立了22个分会，发展势头迅猛。

最为凶残的助纣为虐者莫过于汪伪"76号"特工总部网罗的一大批青帮流氓，他们肆捕滥杀，无恶不作。据说，当年在上海提起"76号"，能止小儿夜哭。

汪伪"76号"特工总部系由李士群、丁默邨创设。李、丁二人早年加入过共产党，曾去苏联受过特工训练，后被国民党特务逮捕而叛变，抗战初李是国民党株萍铁路特别党部特务室主任，丁则担任军统局第三处（邮检）处长，1938年两人先后投向日军。李、丁二人均早有帮会背景，都是上海青帮"通"字辈季云卿的徒弟，排"悟"字辈。所不同的是李曾参加过叶寅亮组织的"乾坤正气山"，同时也是洪门的大哥。1939年2月，李、丁携手组织"76号"汉奸特务机关，乃师季云卿将自己手下的一批流氓推荐过来，其中日后最出名的要数南通人吴世宝。吴目不识丁，据说光青帮"老头子"就至少拜过3个，是个不上"规矩"的落脚流氓。他进"76号"后，将张国震等一批亡命之徒拉进去，组成警卫队，自任警卫总队队长兼第一特务大队大队长。此后"76号"的不少暗杀、绑架、袭击活动，都是由吴世宝具体执行的。

"76号"组建后，在汪伪指挥下疯狂镇压抗日活动。为了解除对汪精卫集团的威胁，保护大小敌、伪汉奸头目的安全，"76号"以相当的精力来对付潜伏在沪的国民党中统、军统特务。双方大施杀手，在上海滩展开暗杀混战。据统计，在这段时间内被双方暗杀的"名人"在百位以上，不太出名的就为数更多了。

除了上述青帮系统的汉奸帮会组织活动外，各地洪门帮会中也出现了一批认贼作父、卖国求荣的汉奸败类。前述绥远的哥老匪首王英充任伪绥西自治联军总司令，负责为日寇维持绥西治安，巩固伪政权；华北洪帮协会会长、太行山忠信堂堂主章夔一协助日寇组织天津内河航运公会，并以洪门帮会首领的身份前往日本，回国后在北平大开山堂，与太行山的山主俞熙杰一起甘为汉奸；广州沦陷后，伪广东省银行行长李荫南等人在日本特务机关的支持下，组织"五洲华侨洪门大同盟"（后改为五洲华侨洪门西南本部），自称拥有会员 10 万；武汉洪门大洪山山主丁子璜是汪伪特工总部武汉区专员，伪汉口特别市党部委员、伪海员特别党部汉口区党部常委，他联合郧都山山主穆岐山、中华山山主文纯卿、天定山山主姚青阶等洪门头目，在日军汉口陆军特务部和汪伪特工总部武汉区部的支持下，共组汉奸帮会特务组织洪兴正义会，为日本刺探情报，并在日军的装备下组建洪兴正义军，赴湘桂进攻抗日力量；在湖南，长沙乾坤正气山洪门头目叶寅组织洪兴血义会，为日军"统制民船"，给日伪各部队提供水上运输。

洪门汉奸帮会中最有名的组织是 1943 年冬成立的中华洪门联合会，发起人为终南山大龙头李炳青，终南山龙头、汉口洪兴正义会会长白玉山，五龙山龙头许凤翔，复华山龙头张长生，大华山龙头陈亚夫以及周伯甘、项佛时、高汉声、李凯臣、周佛尘等 11 人。其中后几人都是汪伪政府的官员，周伯甘是边疆委员，项佛时为监察委员，李凯臣身兼数职，是汪伪中央委员、交通部航运局的局长，还担任着东亚联盟中国同志会工商委员会的主任委员。他们企图网罗全国的帮会与他们一起共同充当日本侵略者的走狗。为了自欺欺人，李炳青等人拼命贩卖"中日亲善"，"共存共荣"的"大亚洲主义"，声称"要把洪门狭义的民族思想转变到国父的大亚洲主义方面"，企图以此来蒙骗、拉拢更多的帮会分子下水。但除了汉口的洪兴正义会、大同山和南京的中国普益社等少数汉奸帮会组织外，一些稍有民族气节的帮会组织都不肯贸然参加洪门联合会，汪伪和洪门汉奸想统一全国乃至海外帮会组织为其所用的阴谋未能得逞。

 4 中共争取帮会抗日

　　鉴于日本侵华，民族矛盾上升，国内阶级关系发生新的变化，中国共产党及时调整政策，制定了动员一切力量，组成最广泛的抗日民族统一战线，实行全民族抗战的新方针。为了团结和争取一切力量抗日，中国共产党对哥老会、红枪会、大刀会、青红帮等秘密社会以及与这些团体有关的一切地方民众武装，广泛开展争取工作。

　　1936 年 4 月 25 日，在民族危难之际，中共中央向国民党、青帮、红帮、哥老会、理门等全国各党各派发出了《为创立全国各党各派的抗日人民阵线宣言》，第一次向众多的帮会组织发出了团结抗日的呼吁。7 月 15 日，毛泽东又从西北地区的实际情况出发，代表中共中央以中华苏维埃中央政府主席的名义专门发布了《对哥老会宣言》，肯定了哥老会在辛亥革命以及在陕北革命根据地中所起的积极作用，阐明了共产党人与哥老会所遭受统治阶级压迫的大同小异，指出了彼此间观点、主张的差别，以及所面临的共同敌人和同样的出路，号召哥老会"要在共同的抗日救国的要求下联合起来，结成亲密的、兄弟的团结，共抱义气，共赴国难"，并欢迎"各地、各山堂的哥老会主大爷、四路好汉弟兄都派代表来或亲自来与我们共同商讨救国大计"。

为了统一党内思想，切实做好对哥老会的争取工作，7月16日，中共中央又发出《中央关于争取哥老会的指示》，对哥老会的性质、作用和党对哥老会的策略方针都作了具体说明，宣布"允许哥老会在苏区内公开存在，并招待与起用在国民党区域内一切被压迫的江湖好汉、英雄豪杰之士"。

8月，中华苏维埃中央政府西北办事处设立哥老会招待处，成立中华江湖抗日救国委员会筹备处。8月19日，该筹备处向全国哥老会发出召开代表会议的通函。同年10月15日在陕西省志丹县境内的马头山召开了全国哥老会代表会议，即"马头山开山堂"。周恩来为使此次会议达到预期目的，曾专门写信给陕西省委，作了一系列明确的重要指示。

七七事变以后，全面抗战开始，中共领导下的武装力量和各地党的组织，都把团结和争取一切已有的地方武装、会门武装，包括土匪武装如游击队、自卫队、哥老会、大刀会、红枪会等等共同抗日作为工作的中心环节来抓，并提出要逐渐改造使其变质，建立纪律。

在冀鲁豫地区，针对一些人对争取会道门和地方武装参加抗日的重要性认识不足，一些人认为会道门搞"迷信仪式"落后、顽固，不愿去做耐心艰苦的争取教育工作等倾向，各根据地的党组织普遍进行了宣传教育工作。彭真、彭雪枫等高级领导干部并从理论与实际的结合上来阐述对会门工作的具体方针、做什么、如何去做。

在江南和苏北，在刘少奇的支持和领导下，各级党组织放开手脚，采取各种各样灵活的策略，大张旗鼓地开展对帮会的争取和改造工作。他们根据苏南帮会纷杂，收徒弟、攀寄亲、换帖结拜兄弟、投帖拜老头子等结纳方式盛行的特点，积极开展帮会工作和交朋友的工作。抗日民主政府的县长或军队中团参谋长以上的干部，经过上级批准可以出面收徒弟。抗日民主政府的区长经过批准允许结干亲。在长江沿江一带，还可以灰色组织名义，为抗日斗争服务。在安徽的和县、含山、无为地区，中共党组织还利用原先的青帮头子、后来参加革命工作的赵鹏程在帮会中的威望，让他出面收徒，然后再引导到革命道路上来。据赵回忆，他手下有一个侦察班，全是他的徒弟，经过党的教育和革命战争的考验，都成长为坚强的革命战士，机智勇敢，不怕牺牲，什么样艰巨的任务都能完成。1942 年 8 月，为了扩大赵的影响，充分利用他的社会

关系、帮会身份，中共党组织曾专门派人给他做了很
大场面的 40 寿辰，结果影响很大，效果极好。

在敌占区，中国共产党还展开了与日寇争夺帮会
武装的斗争。如澄武地区大刀会首领钱显生被伪军抓
去后，新四军奋勇将其救出，钱十分感动，表示决心
要与新四军一起抗战到底，后来该地区的大刀会成为
一支勇猛剽悍的地方抗日武装，钱显生还当上了澄西
县抗日民主政府的副县长。

抗战后期出现的先天道，本以"反共反匪保家乡"
为口号，但他们积极参加了澄锡虞地区 5 万多民众反
日伪残暴统治的多次暴动，共产党因势利导，向他们
提出了"保村庄、保太平、打鬼子、打土匪"的口号，
被他们接受。后来，先天道在夺取抗战最后胜利的斗
争中发挥了积极作用。

在南京郊区的江宁、溧水一带，敌人企图利用当
地普遍发展的"大刀会"，派汉奸向其首领表示："只
要不帮新四军，维护皇军，你们维持地方治安，皇军
不仅不打你们，而且还可供给金钱和枪支。"还欺骗他
们说："你们相信菩萨，皇军也相信菩萨，我们都是一
家人。"一些敌伪分子并有意地找大刀会头领结拜"兄
弟"。针对这种情况，新四军派人做大刀会的工作，对
其迷信仪式采取不干涉的态度，而着重从政治上团结
争取他们，要求他们多多训练，保卫家乡，一起联合
抗日，结果大刀会也渐渐走向抗日的道路。

在安徽巢南地区，大刀会组织极为普遍，几乎村
村有会堂，家家有会员，国民党、日、伪都曾派人去

拉拢、引诱他们。新四军江北指挥部张云逸指挥也亲自派部下蒋天然去做大刀会的工作。蒋天然通过各种渠道基本摸清了情况：号称 10 万之众的巢南大刀会，从政治态度上分为三派，一派以任家山为中心，首领为巢南开明士绅任绍堂；一派以项家山为中心，势力最大，总指挥项举鼎是巢南大刀会的总堂长；一派以姥坞嘴为中心，堂长是地头蛇、国民党特务郑旭初。三人中，任有民族气节，要求抗日；项为人正直，赞成抗日；郑则积极反共，消极抗日。在彼此关系上，任、项较为密切，郑则不服项担任总堂长、总指挥，时常暗中拆台，两人矛盾颇深。根据这些情况，蒋天然制定出争取巢南大刀会的正确策略：团结任绍堂，争取项举鼎，孤立、打击郑旭初。他先用商业渗透的办法来扩大新四军的影响，带动双方接触、交往的发展。凡巢南山区卖出的土特产，我军全部收购；山区要买的粮食、食盐等物品我军一律以廉价保障供应；对来我方控制地区做生意的商人，坚决保护其贸易自由，保障安全。1939 年秋，项举鼎的人到新四军控制区做生意，不料中途遭劫，货物被巢湖土匪抢去，除两个人被打死外，还有 3 个被抓去做人质。蒋天然接报后，巧施调虎离山之计，把土匪引出巢穴，然后又带着一支精干的人马化装成土匪，巧妙地进了匪巢，经过激战，不仅夺回人质、货物，还打死了土匪头子。以后蒋天然又通过三打司家庄鬼子据点，救出被拉夫的大刀会员，帮助项举鼎克服由于敌人造谣而带来的危机，维护项的威信，与任、项歃血为盟、结拜兄弟等做法，终于争取到了项举鼎，使他由感激、敬佩发展到走上同新四军合作抗日的光明道路。1940 年春，经张云逸亲自批准，巢南大刀会 180 个堂口、10 万余会众同时起义，参加新四军，为开创皖中抗日根据地奠定了基础。到 1945 年，皖中根据地已发展成为横跨大江南北，拥有 20 余县近 300 万人口的广大解放区，成为夺取抗日战争胜利的一块重要阵地。

在争取秘密社会抗日的过程中，中共党组织对于那些匪化及甘为汉奸、冥顽不灵的会门武装，则坚决打击直至消灭。如对红枪会门各派中最落后、最反动的山东阳谷县忠孝团，在兵力十分紧张的情况下，八路军山东纵队司令员杨勇仍设法调集各方力量 2 万余人，以雷霆万钧之势一举攻克忠孝团的据点，狠狠打击了其嚣张气焰。

通过这一系列的工作，中国共产党把各地的一些地方武装和各种民间秘密社会团体如红枪会、大刀会、青红帮等等统统动员、组织起来，掀起了以游击战争为主要形式的全民族抗日运动。

九　大江东去：秘密社会的消亡

抗战中，特殊的社会、政治状况和各种政治势力对秘密社会的争取、利用，使得秘密社会在全国各地都有了进一步的发展。到抗战胜利以后，秘密社会已经形成一股不容忽视的社会势力，再次呈现兴盛的势头。但是，时移势易，秘密社会已不可能旧梦重温再创"辉煌"了。"还都"以后的国民党政权为了自己的统治已经开始裁抑"恶势力"，而急剧变化的国内政局更彻底阻断了秘密社会继续发展的可能。新中国成立以后，人民政府仅用了短短几年的时间，就把秘密社会从中国大陆彻底地清除了。

回光返照

抗战胜利之后，中国秘密社会的发展格外繁盛。

一方面，旧有的秘密社会组织继续发展、壮大。1946年3月9日，上海市侠谊社在洪门领袖、军统特务郑子良的主持下举行"复员大会"，重新成立，并积

极在各地发展组织。1946 年 11 月侠谊社汕头分社筹备
处成立，东北各地及海外的分社也在积极筹备之中，
社员从开复员会时的 480 余人猛增到 7800 余人。

1946 年 6 月，荣社也在丽都花园重开正式成立大
会，黄金荣自任理事长。经过一年的发展，参加荣社
的人数已多达数千，社员"遍及全国军政工商农矿文
化各界"。

1946 年 10 月，洪兴协会在上海重开成立大会，选
出新的理事会，许多头面人物成为协会的新理事。就
帮会方面而言，理事中有五圣山的首领向海潜、张子
廉、樊崧甫、毛云，正诚社的理事长王知本，匡社理
事长原洗凡，华社理事长陈培德，侠谊社理事长郑子
良以及兴中学会总干事孙履平等。因此，有人说洪兴
协会某种意义上是在沪各主要洪门团体的联合组织，
会员数量虽然不多，但活动能量极大，其会址曾被作
为全国洪门帮会的总通信处。

五圣山的总头目向海潜也对组织进行了重新整理。
五圣山杭州码头开立仅一年，就在杭、嘉一带收罗弟
兄 6000 余人，其中有不少国民党的军政官员，如浙江
省政府视察康健、杭州警察局长沈溥、第八十三军军
需处长许夏、宪兵第十三团团长黄公霸等。

抗战胜利后，恒社在大后方的成员陆续返沪，经
过重新整顿，恒社不仅恢复旧观，而且有了很大发展。
短短两年，人数翻了一番，其中许多都是国民党的党
政军警特要员。1947 年杜月笙过 60 岁生日，恒社社员
的贺电从南京、北平、天津、杭州、武汉、重庆、沈

阳、青岛、西安、兰州、宝鸡、成都、昆明、桂林、南宁、福州、南昌、苏州、无锡、南通、屯溪、金华、绍兴、台湾、香港以及缅甸、菲律宾等各处飞来，可以想见恒社成员的分布之广。据杜月笙说，类似恒社这样的组织当时仅在上海就有 30 多个。

另一方面，新成立的会、社组织不断诞生，发展迅猛。

抗战胜利前夕，杨森取代吴鼎昌出任贵州省政府主席。为扩充自己的势力，杨在贵州大肆发展帮会组织。他自称是贵州的总帮头，并先后派出手下的副军长、师长、参谋长等人四出联络贵州的青红帮。在杨的策动、努力下，贵州汉流仁、义、礼三旗成立了扶风、精忠、永义、道义、复兴等 5 个总社，洪帮则建起了五圣、太华、九龙、长白等 4 个山头。其中扶风社仅在省城一地就拥有 45 个分社，是解放战争时期贵州洪门中最大的组织。

1945 年底，汉奸帮会头目张逊之与原天津安清道义总会的骨干魏子文等一起组织天津青年共济社，以军统天津站站长兼天津警备司令部稽查处处长陈仙洲为顾问，以求得庇护。1946 年 3 月，天津帮会中另一批不服张、魏等帮会汉奸的人，在陈仙洲的支持下发起组织天津忠义普济社，陈亲自出马担任理事长，理事则有市党部的书记长苏吉亨、警备司令部稽查处的副处长张精一、市党部组训处处长李墨元等。同年 7月，普济社正式成立，国民党天津市党部的主任委员、副市长、第九十四军的副军长、三青团的主任、警备副司令等都"亲临指导"。由于有这样的背景,普济社在天津发展迅速,先后设有10余个分社,至1947年底,该社已拥有会员4万余人。

其他各种帮会新开的山头,如陈国屏开世界大同山、张先道开万寿山、田西园开太平山、孙履平开民国山以及范绍增的益社、杨文道的洪顺互助会等等名目,不胜枚举。

抗战胜利后帮会势力的扩张还表现在许多地方的帮会成功地挤进了地方参议会等政治机构。

1945年冬,重庆的袍哥势力在该市首届参议会议员选举中显示了强大的实力,在总共83个议席中占据了60多个,丰都袍哥头目吴锦堂(原陈兰亭属下)、懋功县哥老会的总舵把子张仲臣也都分别当上了县参议长。

1945年底,国民党上海市政府为筹备地方自治,决定进行区级政府官员选举。杜月笙发动力量,暗中活动,"预作严密布置"。选举结果出来,杜月笙系的人物不仅占据要津,而且还在全部当选者中占了大多数,杜的三儿子维恒还当上了嵩山区的区长。

地方自治不久,1946年4月,国民党为了进一步进行政治上的欺骗,又决定进行第一届上海参议员选举。而杜月笙为了他的人在会议会里占有尽可能多的席位,竭力"推荐"他周围的人物和众多的党徒积极参加"竞选",争当参议员,结果大获全胜。4月28日选举结果公布,杜月笙以商界最高票数获选,属于杜月笙系而当选为参议员的达30多人,包括杜的表弟朱文德、管家万墨林、"御医"庞京周等。特别是目不识丁的万墨林以杜宅管家而当选上海市参议员，"使杜月笙坐在市参议会里，都有亲信心腹相随"。人们在作"佛头着粪"之慨、生"通国蒙羞"之感的同时，也可以想见杜月笙在上海的社会势力之大。其他帮会头目如黄振世、金九林、金廷荪、顾竹轩等也都入选参议员。

同在 1946 年 4 月，西安市进行参议会选举，青红帮头目刘海亭、叶新甫、张佐庭等人也都一一当选。

8 月，汉口市参议会成立，武汉洪帮头目杨庆山、太华山骨干刘联珂等入选参议会。

稍后，在天津市参议会的选举中，青帮流氓刘广海、巴延庆，青红帮头子王子百等亦竞选成功。

帮会在参议会等"选举"中的"巨大成功"，一方面，更加刺激了帮会头目的政治野心，青红帮原有的各自为政的分散性的区域性组织体制已不能满足某些帮会首领的政治需要了，他们开始筹思着要组建全国性的帮会政党团体；另一方面，议会选举中帮会显示出的巨大能量，也更让国民党当权者惊心，从而要想方设法控制、操纵帮会势力，将其置于自己的绝对掌握之中。这两种要求和趋势的共同结果，就是在此前后一大批国民党特别是军统控制下的全国性帮会政党团体相继出笼。

1946 年 4 月，上海虹口的洪门头子杨文道与华北帮会首领张书诚等电邀美洲华侨中国洪门致公堂全美总部主席司徒美堂等人回国主持"全球洪门恳亲大会"。早就想在国内成立洪门政党、谋求发展的司徒美堂欣然率美洲各地致公堂代表回国。6月初，司徒专程赴宁面见蒋介石，当面提出洪门组党的要求。考虑到司徒美堂在抗战期间代表国民政府宣慰美洲华侨、支援祖国抗战"著有劳绩"，蒋介石答应了他的要求，并要司徒与吴铁城详细商谈具体组织办法，另派军统特务王铁民（也是洪兴协会的理事）"协力帮助"。6月4日，司徒美堂和王铁民、加拿大洪门代表杨天孚、南京洪门代表王亚南、武汉洪门代表丁子瑸以及上海侠谊社社长郑子良等人聚会一处，商谈有关洪门组党问题。6月17日，司徒美堂在上海对报社记者发表谈话，为洪门组党大造舆论。但司徒在谈话中表露了"务须停止内战、早求和平实现"的政治主张，引起蒋介石的不快，以致影响了洪门组党的进行。

6月26日，全面内战爆发。中统为了把洪门帮会力量收为所用，突然对司徒美堂组党有了兴趣。7月15日，在中统的支持下，全球洪门恳亲预备会在上海湖社大礼堂举行。向海潜、赵昱、徐朗西、郑子良、杨虎、韦作民、杨庆山、张书诚、程壮、张子廉、杨文道、杨天孚等帮会分子300多人出席。各地代表中，中统人员占了多数。

7月28日，国内外致公堂及海外各地洪门团体代表大会在上海召开。会上，占优势的CC分子突然提出早就预谋好的成立中国洪门民治党的议程，并获多数通过。紧接着又趁热打铁成立了该党的中央执行委员会，通过了中国洪门民治党的总章、政纲和宣言，称组织该党的"最高政治目的"为"内谋全民利益，臻国家于富强；外谋全人类幸福，进世界于大同"。在政治主张上提出要简化行政机构、整编全国军队、发展国营事业、保障民营事业等。大会最后选举司徒美堂为中国洪门民治党主席，朱家兆、赵昱为副主席。但不久，中统就操纵该党取消了主席制，司徒美堂与朱家兆、赵昱一起改任中央执行委员，与司徒一道回国的杨天孚、谢志如、吕超然等原先担任的该党组织部长、财务委员会主任委员、秘书处处长等职均被免去，而代之以 CC 派的张书诚、吕雏九、陶履中等。通过这次领导体制度变更和人事改组，中统更加强了对该党的控制和操纵。

1946 年 7 月，原国民党汉口特别市党部主任委员林有民，党部委员、汉奸帮会头目丁子璜等 13 人筹划成立中国洪门建国会，9 月 15 日正式成立时改定名称为民治建国会，宣布以"遵守五祖遗训，发扬民族精神、实现三民主义、完成建国统一"为原则，以"确立人生责任、尊重人民利益、安定社会秩序、保障人类自由"为目的。民治建国会成立之初即拥有会员 8 万余人，"各地负责人皆系帮会中人"，是一个国民党掌握下的全国性的帮会社团组织。

抗战后国民党操纵、控制下成立的帮会社团组织规模和影响最大的是以人民动员委员会为基础成立的中国新社会事业建设协会。1946 年 1 月，戴笠向蒋介石提出根据新的形势将人动会改组为中国社会建设协会，得到同意，即着手在沈阳、北平、天津三地先行开始组建。不久，戴座机失事身亡，原人动会骨干、军统少将徐亮乃向戴的继任者郑介民、毛人凤正式建议成立全国性的"社会建设协会"，作为控制各地帮会的中心机构。郑报给蒋介石，蒋不仅批准，而且曾两次催询有关筹备情况，亲自接见徐亮面授该会的工作原则。稍后，蒋在接阅徐亮所拟的"计划"后，又很快批示：此项工作应以军统（此时已改称保密局）为中心，由他们"渗入各帮会中控制运用，所需经费、人员统在该秘密核心机构现有之经费、人员中筹划支配，不必另列预算"。根据蒋的指示，郑介民、毛人凤等对计划进行了修改，提出："凡群众之已被共党运用者由本局策动各帮会以全力争取之"，"第一步拟于华北、华东共党活动较为剧激之区每县市组织一区会，大约共须组织五六百个区会，分设 13 个分会以统御之"。关于如何加强控制的问题，计划书提出由军统"渗入中国社会建设协会以领导该会，再由该会会员渗入各帮会以领导各帮会"。具体做法是在军统内"设置社会组专司其事，该组分设文书、督察、调查、宣传、组织、总务六处，即设于中国社会建设协会总会内，并于每一分会内各设一分组，至各县市之区会内则仅派工作人员一员以控制运用之"。郑介民等认为，这样一来则"全国帮会八千万众可全体受吾人之掌握"。

随着 7 月 28 日中国洪门民治党、9 月份民治建国会先后成立，军统为了与中统争夺帮会力量，便不待蒋介石的正式批准而让中国社会建设协会匆忙登场。10 月 19 日，中国社会建设事业协会在上海丽都花园举行成立大会，全国各地帮会首领、军阀政客、闻人名流数千人到会，蒋介石特派代表方治、李岳军，社会部派组训司司长陆京士等到会指导。会议通过章程6章43条，选出杜月笙、杨虎、向海潜、范绍增、张文康、徐亮、田得胜、张钫等9人为理事，杜月笙、杨虎、向海潜3人为常务理事；黄金荣、张树声、潘子欣、李福林、王慕沂等5人为监事，黄金荣为常务监事；军统特务徐亮、程克祥分任正、副书记长。在军统机关的大力支持和苦心经营下，新建会发展迅速，先后设立上海、江苏、福建等25个省级的分会，徐州、天津、青岛3个特区会，县一级的支会更达468个，会员总人数据称有56万之众。为了加强控制，军统还另外选派了曾坚、彭寿、桂运易、管容德、余范镕、廖哲明、刘步青等重要骨干驻会“协助开展工作”。

此外，同期各帮会所组织的全国性政党或社团还有西安的中国民生共进党、昆明的中华民族大同盟、武汉的社会党以及上海的劳动党、社会民生促进会、致公党等等不下10余个，帮会势力的发展一时“欣欣向荣”，一片兴旺。

2 混乱中的抉择

但是，就在帮会党团蜂起、大肆发展的热闹景象背后，已经潜藏着帮会难以应付、全面涣散的危机。

一方面，众多帮会社团的建立，对帮会本身的存在发展产生了巨大的冲击，它打破了传统帮会的组织体系，削弱了帮会组织内部的凝聚力，造成了帮会组织外部关系上的混乱，帮会已经无法形成足以号令群雄的统一核心，繁荣外表的背后，是组织的纷乱、涣散。以上海的情况为例，当时各种互不统属、背景各异的社团多达几十个，这还不包括总部在外地、上海有分支机构的社团在内，其力量之分散可见一斑，而二三十年代黄金荣、杜月笙、张啸林"三大亨"三位一体，不仅称雄于青帮，而且洪门亦唯其马首是瞻。现在，杜月笙的声威虽然远远超过了昔日的"三兄弟"，但他对整个帮会界的号召力和实际影响力、控制程度都大不如以前，他的力量和权威都被销蚀于帮会党团的莽莽丛林中了。

另一方面，众多分属于不同政治派别的帮会社团的建立，打破了国民党内部原先的派系平衡，引发了国民党中不同政治派别新的争斗，而帮会及其党团乃成为众矢之的，最终的结果，自然是以对帮会头目和帮会党团的"裁抑"来重建政治派系之间新的平衡。以新建会为例，它成立以后在全国的迅猛发展，遭到了来自国民党及社会各界的反对。各地党部纷纷致电中央，声称如不及时裁抑新建会，将无法控制和操纵即将进行的国代、立委选举；各省市政府、参议会亦纷纷向社会部电控新建会各地分会"借该会名义发展帮会组织，且非法活动，地方咸感不妥，请予取缔"。特别是 CC 系的人物和部门，反对尤力。CC 派通过社会部指令各地社会局不断施加压力，新建会的发展受到阻碍。1947年5月17日，社会部下令不准其在各省县市内设立区会。9月4日，行政院正式发布命令以"新建协会在各地有非法活动，影响社会秩序"，饬令该会"克日撤销组织，并将原发立案证书及图记一并呈缴凭销"。徐亮不甘心，竟异想天开，要行政院撤销取缔令。随着蒋介石"新社会建设协会应从速取消并呈报"手令的下达，徐亮等人的最后一线希望破灭。11月，杜月笙、杨虎、向海潜三个常务理事和书记长徐亮联名向新建会各组织发出结束该会的训令，名噪一时的帮会党团新建会至此宣告解散。

几乎在新建会解体的同时，侠谊社、益社等各帮会社团也都遭到了类似的厄运。连"党国要人"杜月笙的日子也极不好过。

由于战场上的失利，政治统治、经济形势的严重危机，国民党统治者的日子越来越难过。为稳住局势，解救经济危机，大势已去的国民党加紧搜括，先后使用了各种办法，甚至不惜借人头立威。已经失去宠信，走下坡路的杜月笙作为中国帮会和上海地方势力中首屈一指的闻人大亨，便首当其冲，成为国民党宣泄淫威理所当然的靶子。杜月笙再有手段、再小心谨慎也难以保身，令他丢人的事接连发生。序幕是杜的门徒，胜利后身兼上海市党部主任委员、副市长等六要职的吴绍澍对乃师的正面攻击，接下来是蒋介石的亲信、上海市警察局长后又兼警备司令宣铁吾逮捕杜的管家、参议员万墨林，而高潮则是"太子"蒋经国在上海"打虎"，毫不容情地把"杜公子"维屏逮捕入狱。在国民党时代，杜月笙是个有极高知名度的"闻人"、大亨，在政治上又是亲国民党的，他的境遇尚且如此，其他帮会中的小人物就可想而知了。

来自当权者接连不断的打击和国民党在战场上的一再失利，使得帮会头目及其追随者对国民党的政治离心倾向日益加强，面对末日的来临，同依附于国民党政权的其他社会势力一样，帮会中充满了"食尽飞鸟各投林"的悲哀和惶惑，现实逼迫他们要审慎考虑自己的"前途"了。只是不同层次、不同地位、不同派别的人从各自的阶级地位、政治立场、经济利益和个人历史出发，采取了不同的态度，作出了各异的选择。

帮会头面人物政治阅历和社会经验丰富，消息灵通，社会关系广泛，在解放战争的中后期，这些人审时度势，大多改变了原先紧跟国民党的态度，琢磨着给自己多找几条后路。他们通过各种途径，同国内各主要政治派别保持联系，特别是同"行情"日益看涨的中共方面保持秘密联系，在观望中等待时局的明朗，以便在最后关头取舍抉择。他们的情况大致有四类。

一类是较早悔悟并最终转向人民一边的，主要代表为徐朗西、杨虎。徐长期同中共保持接触，抗战后关系逐渐密切起来，曾利用自己的社会关系，做了一些有益革命的事。上海解放前夕，徐接受中共地下党的指示，联络帮会控制的码头和三轮车同业公会迎接解放，并毅然拒绝了于右任等国民党元老、大员的游说不去台湾，转道香港到北京参加了新政协。杨虎是大革命时期蒋介石利用帮会的头号助手,"四一二"的主要刽子手之一,他后来受到蒋的冷遇,不满情绪越来越大。抗战期间,曾多次鼓动四川帮会反蒋。抗战胜利,杨同中共党组织取得联系,从此关系日益密切,杨并经常接受中共指示行事。上海解放前夕,杨宅是中共地下党的指挥部所在地,他根据地下党的要求,指派门徒收集情报,积极营救被国民党关押的民盟主席张澜、罗隆基。所以解放后,杨虎受到了人民政府的宽待。

第二类是不管过去如何,但因种种原因最终选择留在大陆接受人民监督改造的,以黄金荣最典型。黄"四一二"有血债,抗战中不清白,但因年过八旬不愿离家。1949年4月,他通过章士钊、杨虎同中共接上关系。当时在北平的章士钊通过其妻的结拜姐妹王时珍给黄带来口信,称中共中央某首长曾对章表示,只要黄金荣拥护共产党,不再与人民为敌,留在上海迎接解放,一定既往不咎。陈毅则通过杨虎给黄带话传字条,转达希望黄留下不走的意见。经过多方工作,黄金荣最终决定不走,并向解放军贡献三项"见面礼":在国民党逃跑前的大屠杀中掩护了一批中共地下工作者;将国民党的一些财产编造报表,交给地下党;交出了400多名帮会头目的名单。黄金荣以实际行动支持中共地下党接管上海、迎接解放,取得了人民政府对他的宽大处理。

第三类是继续追随国民党而最终跑到台湾去,这中间最有名的要数向海潜。解放战争后期,向也曾同中共有过联系，并在实际行动中有所表示，但上海解放前向终于还是走了。他先到香港，与国民党特务频繁接触，并在特务指挥下再次筹组中华洪门联合会，想"抗俄反共，复兴民族"。后又转赴台湾，在台重开五圣山。有意思的是，向曾派人回沪散布他是被国民党绑架离沪、不得不走的流言，想为以后留条后路，可谓用心良苦。

第四类是既不留大陆也不去台湾，而是到"第三个地方"去发展，以杜月笙最典型，还包括先去了"第三地"最终又回来了的范绍增等人。杜月笙是长期在政治上亲国民党的，但随着抗战胜利后同国民党矛盾、争斗的加剧，杜对国民党日益离心，所以他不肯跑到台湾去过那种寄人篱下、动辄得咎的日子；大革命时期除外，自抗战以后杜同中国共产党也基本没断过联系，解放战争后期，更加强了与民主人士的交往和与中共的联络。1948 年底 1949 年初，杜在中国共产党的支持下，联络并实现了华北和上海之间的一度通航、通商，受到了周恩来的称赞。周恩来并且明确提出，"对杜月笙的方针，就是要他努力使上海不乱"，保护上海的工厂、银行、商店、物资"不受损失，不使南迁，等待人民解放军前往接受"，"杜果能这样做，不仅中共可与之合作，上海人民亦将宽恕他的既往"。黄炎培、潘汉年等人为此做了大量工作，陈铭枢更以民革立场"力劝"杜月笙能留在上海，迎接解放，"并保证他绝对安全"。但是，沉重的历史包袱使杜月笙难以完全相信中国共产党，他不相信中共会不计前嫌，谅解他的过去。因此在台湾不愿去、上海不敢留的情况下，杜终于选择了香港。

与帮会大亨的这种小心周到、务求万全的艰难选择形成鲜明对照的是一大批帮会二三流头目和帮会骨干分子的昧于时势与"头脑简单"。在翻天覆地的历史转折关头，他们仍然甘受国民党的利用和驱使，充当特务的爪牙、打手和战争的炮灰，与人民为敌。

一是破坏国统区的民主运动。1947 年 10 月底，浙江青帮头目、中统特务在杭州以每人 5 万元法币的价格收买青帮流氓打手对付反对国民党暴政的浙江大学学生。同年冬天，武汉洪帮头目杨庆山亲自出马去码头收买帮会分子充当打手破坏工人的抗暴罢工。1948 年 1 月，上海学生掀起"争民主、反迫害"的学潮，"护工队"帮会流氓配合军警特务冲击发起运动的同济大学，殴打、逮捕学生。1949 年 4 月，五圣山头目夏炯、廖开孝纠集帮会分子镇压重庆学生反内战、反饥饿、反迫害的斗争。

二是组织反共武装继续为国民党卖命。杭州解放前夕，青红帮头子陈公侠帮同国民党招募散兵游勇、帮会流氓，编成特务团，抗拒解放大军。1949 年 6 月，湘西帮会头目杨永清在国民党湘鄂边区绥靖司令宋希濂和华中军政长官白崇禧的帮助下，组成湘西帮会土匪武装"湘西纵队"，后又再组"湘黔边区反共游击队"，与人民解放大军为敌。他们一方面破坏解放军前进道路的桥梁，扰乱交通运输线；另一方面到处奸淫烧杀，打家劫舍，杀害革命人士和进步群众，造谣生事，无恶不作。

成都解放前夕，袍哥头目赖合山勾结原国民党军队的第七十二军军长余锦源组织"反共救国军"，自任"十九纵队挺进军"司令，策划组织袍哥土匪上山打游击，抗拒解放。

全国解放前后，以这类帮会，土匪为主干组成的国民党"游击武装"多如牛毛。

三是组织流氓策划"应变"，布置潜伏。上海解放前夕，陆京士组织"工福会"和"护工队"流氓"策划应变"，疯狂破坏工厂设施和公用设施，企图把上海变成废墟。帮会头子黄龙华在上海解放前夕将许多特务分子收入"山头"，以帮助他们利用帮会关系在解放后潜伏下来。1949年10月，帮会头目、军统特务葛肇煌在澳门主持忠义会骨干分子应变会议，决定大部分人员在广州潜伏下来。

同帮会上层大亨闻人脚踩两只船的"油滑"，中层头目、骨干死心塌地地为国民党卖命的"呆傻"都大为不同的是帮会下层、小头目的"实在"，他们对政治不感兴趣，没有大亨们的那许多顾虑，也缺乏"中亨"们对国民党的那种"忠诚"，所以他们既不想上台湾，也不肯进山去打游击，他们所渴望的就是怎么样千方百计乘机在混乱中多捞些好处，或三五个人一伙，或十几、二十个人一帮，乘乱偷盗、抢劫、绑架勒索，这些帮会分子的行为虽然没有多大政治上的危害，但却使战争时期本就纷乱的社会秩序雪上加霜。

3 秘密社会在大陆的消亡

1949 年 10 月 1 日，中华人民共和国诞生。人民政府一经成立，就着手解决旧社会遗留下来的各种社会问题。在根治这一历史毒瘤的过程中，中国共产党显示了非凡的气魄和高超的艺术。

第一，对在秘密社会中有重大影响和号召力的领袖人物，谨慎处置，做耐心细致的工作，让他们在解决这一历史难题的过程中发挥作用。

解放初期，黄金荣在上海仍然很有潜势力，他的众多门徒中也还有人不肯安分守己，继续进行危害社会的活动。如何处置这股势力，中国共产党动了一番脑筋。当时有人提出，打蛇要打头，不打击黄金荣就无法收拾他的门徒。长期在沪主持地下工作的上海市副市长潘汉年则对黄的帮会势力作了历史的、细致的分析，认为黄确是旧中国时代帝国主义的走狗、蒋介石的帮凶，他和他的门徒在上海干了大量坏事。但是他能留下来迎接解放，解放后，在港、台有关人员多次催促的情况下仍然不走，说明他现在对中国共产党、人民政府至少不抱敌意。他声称不问外事，我们就不必把他当做专政对象，只要他表示态度就行。潘派人向黄做工作，讲明政策，晓以利害：只要他不干涉行政事务，不再包庇徒子徒孙地痞流氓破坏社会治安，人民政府可以对他宽大处理。黄金荣答应了。1951 年 5 月 20 日，上海《文汇报》以醒目的地位刊登了《黄金荣自白书》。黄在《自白书》中除了对"历史上的大罪恶"表示"无限的悔恨"外，特别强调"凡是我所知道的门徒，或和我有关系的人，过去曾经参加反革命活动或做过坏事的，都应当立即向政府自首坦白，痛切承认自己的错误，请求政府和人民饶恕；凡是我的门徒或和我有关系的人，如发现你们亲友中有反革命分子要立即向政府检举，切勿徇情。从今以后，我们应当站在人民政府一边，也就是站在人民一边，洗清各人历史上的污点，重新做人，各务正业，从事生产，不要再过以前游手好闲、拐骗人、吃讲茶乃至鱼肉人民的罪恶生活。这样，政府可能不咎既往，给我们宽大，否则我们自绝于人民，与人民为敌，那受到最严厉的惩罚，是应该的了"。《黄金荣自白书》刊出后，在上海、在秘密社会中反响很大。他的那些徒子徒孙们见后台已倒，大部分开始收敛起来，不敢再横行霸道了。1953年黄中风在家中去世。

杜月笙是旧中国帮会势力的化身，所谓"三百年帮会第一人"，其对帮会的影响可想而知。他举家迁到香港后，人民政府为争取他的回归也做了大量工作。章士钊亲自赴港劝说，杨虎派人捎带口信，潘汉年更以上海市副市长的身份找到了杜留在上海的儿子维翰，向他详细交代了党的政策，要他带口信到香港动员父亲回来。杜月笙表示，他很感激潘副市长，但因病重暂时回不了上海。不过他保证，在香港决不进行任何反共活动，也决不去台湾，同时一定关照在上海的徒弟服从政府法令，安分守己。到1951年8月16日，杜病死香港坚尼地台寓所，基本履行了他的诺言。

第二，对那些作恶多端、不思悔改的会道门首恶分子坚决严惩不贷。

早在 1949 年 1 月，原华北人民政府就颁布了取缔封建会道门的布告，全国不少地方的人民政府也都先后发布取缔会道门的命令。新中国成立以后，各地更明令禁止会道门活动。但是，一些反动会道门在国民党特务机关的指挥策动下，仍然继续作恶，他们大肆造谣破坏，杀害干部群众，奸淫妇女，诈骗钱财，对抗人民政府法令，甚至进行武装暴乱。1951 年，一贯道大道首孙素贞潜伏到兰州西部王家堡，在那里通过几个最亲信的道首继续发号施令，指挥各地一贯道活动。当时东北、华北很多反动道首由于站不住脚都逃窜到西北。他们欺骗群众说："八路军长不了，老虎头上点明灯，到了虎年'道'就'明'了，八路军就完了。"并污蔑共产党是"魔王"，取缔一贯道是"魔练"。后来有些道首被逮捕镇压，他们又骗人说这些人是"顶劫而去"，都化了"仙佛"，让没被捕的人继续"顶劫救世"，坚决与人民政府对抗到底。另外还有一些反动道首，乘机称皇作乱，妄想"坐天下"、当"皇上"。如九宫道李泰天在开封与太行山等地暴乱，自称皇帝。天津的世界新佛教会头子王紫泉自称"中皇天"，企图武装建国。上海张顺宝自封"顺政国"皇帝。据统计，仅河北省公安机关在 1951 年就破获反动会道门"称皇作乱"案 9 起。

反动会道门的猖獗，同新中国成立初一些地区处理过宽、打击不力有关，有些作恶多端的道首、帮会头目仍然逍遥法外。如辽宁复县一贯道头子刘成其，手下有道徒2万余，劣迹昭彰。但当地公安机关第一次逮捕他后，仅教育一番就释放了。他胆子更大，愈加猖狂，竟图谋暴动。案发后仍仅只判了5年徒刑，广大群众很不满意。又如上海沪西大恶霸柏文龙，是沪西余姚路一带"斧头党"、"涂粪党"、"挂尸党"等帮派的头子，手下门徒众多，号称"沪西半边天"。解放前柏横行乡里、罪行累累不说，解放后仍不思悔改，继续作恶，奸污并逼死邻女王扣兄和王的母亲。经王的亲属向人民法院控告，1950年9月，柏文龙仅被判了有期徒刑3年。

"宽大无边"的结果，正气得不到伸张，群众对政府的信任和支持受到影响，而帮会流氓恶霸、反动道首并各类犯罪分子反而更加猖狂。他们把人民政权的宽大视为软弱可欺，竟然狂妄地把公安局称为"公安店"，把法院称为"司法旅馆"，威胁群众说他们进去十天半月、三年两载就会出来，"到时候就有你们的好看了"。"丽园之狼"周国祥在镇反运动开始后还扬言："解放了，我的拳头没解放，你们当心点。"反动气焰极为嚣张。

中共中央很快发现并及时纠正了这个错误倾向。1951年2月11日，中央人民政府颁布了《中华人民共和国惩治反革命条例》，其中第八条规定：利用封建会道门进行反革命活动者，处死刑或无期徒刑，其情节较轻者处三年以上徒刑。同时，政务院、最高人民法院和公安部也先后颁发了有关处理反革命罪犯的许多具体政策规定。党和政府把土匪、恶霸、特务、反动党团骨干分子和反动会道门头子等五种反革命分子列为首先打击的对象，根据血债、民愤以及损害国家利益的程度三点，坚持首恶必办的原则，凡应杀、必须杀的坚决迅速地予以镇压。这样，各地在充分揭露会道门的反动性、欺骗性、危害性的基础上，坚决镇压、惩办了一批首恶分子，从而彻底摧毁其组织系统，解除会、社反动头目对群众的束缚控制。一些地方还结合实际，举办展览，开现众会，动员一些悔悟过来的会道门徒众现身说法、教育群众。强大的威慑和耐心的教育，双管齐下，收到了较好的效果。据载仅北京市就有 17 万道徒向政府登记退出一贯道。

第三，对那些持有武装，继续进行顽抗的帮会和武装土匪，花大力气坚决清剿。新中国成立之初，在广大的新解放区，国民党的政权虽已被推翻，人民政府也已建立，但在不少地区，尤其是西南、中南、华东的一些山区、蒋介石在撤退大陆时留下了大量残余武装土匪，他们与各地方上的帮会土匪武装相勾结，到处进行反抗人民政府的罪恶活动。如在湘西，盘踞着 10 余万的土匪武装，他们企图建立所谓的"湘西敌后根据地"，长期进行游击战争，策应蒋介石反攻大陆。由于此地山势险峻，地形复杂，历来是会匪、土匪出没之处，近百年来湘西的政治势力基本上为帮会土匪所掌握，许多土匪头子既是地主恶霸，又是帮会头目，他们与国民党的残余部队勾结，横行乡里，给人民带来了深重的灾难，给新生的政权造成了极大的危害。为此，中国人民解放军第四十七军于 1950 年初开赴湘西，用一年多的时间，全歼土匪武装 10 余万，解放了湘西 22 县，从根本上扫除了会、匪大患，创造了湘西历史上前所未有的奇迹。

第四，对于因为生活所迫以及受蒙骗参加帮会和会道门组织的贫苦工农群众、失业游民，最主要的办法是通过解决他们的吃饭问题来彻底解决他们进帮、入道的问题。在城市，花大力气解决失业工人和闲散人口的就业问题，工厂企业通过组织工会，进行民主反霸斗争，基本解决了城市和工人中的帮会问题。在农村，通过组织农会，特别是进行土地改革，使广大贫苦农民获得了土地，农村的游民以及连带的帮会问题随之解决。再通过科学宣传和反对迷信的教育，并结合镇反进行退教、退道登记，农民中的道会门问题也基本清除。

1949 ~ 1952 年，新生的人民政权仅仅用了三年的时间就使长期困扰中国社会的帮会游民土匪会道门的问题妥善解决，这不能不说是中国历史上的一个奇迹。

需要指出的是，20 世纪 80 年代以来，随着改革开放的不断深入和发展，中国社会面貌发生了前所未有的深刻变化，社会生产力大幅度地提高，但与此同时，在大陆已经绝迹 40 多年的帮派会道门组织活动又沉渣泛起，一股黑色浊流正涌动而来，引起了有关部门和有识之士的高度重视。如果这本小书能够对广大读者认识中国历史上的秘密社会有所帮助，能够对我们今天重新面对、解决回潮的会道门、帮会活动问题有点启发，笔者将无比欣慰。

参考书目

1. 蔡少卿著《中国秘密社会》，浙江人民出版社，1989。

2. 蔡少卿著《中国近代会党研究》，中华书局，1987。

3. 周育民、邵雍著《中国帮会史》（上、下编），上海人民出版社，1993。

4. 马西沙、韩秉方著《中国民间宗教史》，上海人民出版社，1992。

5. 《河北文史资料》编辑部编《近代中国帮会内幕》（上、下册），群众出版社，1993。

6. 李世瑜著《现代华北秘密宗教》，上海文艺出版社，1990。

7. 秦宝琦著《中国地下社会》，学苑出版社，1993。

8. 赵清著《袍哥与土匪》，天津人民出版社，1990。

9. 蔡少卿主编《民国时期的土匪》，中国人民大学出版社，1993。

10. 苏智良、陈丽菲著《近代上海黑社会研究》，浙江人民出版社，1991。

《中国史话》总目录

系列名	序号	书名	作者
物化历史系列（28种）	30	石器史话	李宗山
	31	石刻史话	赵 超
	32	古玉史话	卢兆荫
	33	青铜器史话	曹淑芹 殷玮璋
	34	简牍史话	王子今 赵宠亮
	35	陶瓷史话	谢端琚 马文宽
	36	玻璃器史话	安家瑶
	37	家具史话	李宗山
	38	文房四宝史话	李雪梅 安久亮
制度、名物与史事沿革系列（20种）	39	中国早期国家史话	王 和
	40	中华民族史话	陈琳国 陈 群
	41	官制史话	谢保成
	42	宰相史话	刘晖春
	43	监察史话	王 正
	44	科举史话	李尚英
	45	状元史话	宋元强
	46	学校史话	樊克政
	47	书院史话	樊克政
	48	赋役制度史话	徐东升
	49	军制史话	刘昭祥 王晓卫
	50	兵器史话	杨 毅 杨 泓
	51	名战史话	黄朴民
	52	屯田史话	张印栋
	53	商业史话	吴 慧
	54	货币史话	刘精诚 李祖德
	55	宫廷政治史话	任士英
	56	变法史话	王子今
	57	和亲史话	宋 超
	58	海疆开发史话	安 京

系列名	序号	书名	作者
交通与交流系列（13种）	59	丝绸之路史话	孟凡人
	60	海上丝路史话	杜瑜
	61	漕运史话	江太新　苏金玉
	62	驿道史话	王子今
	63	旅行史话	黄石林
	64	航海史话	王杰　李宝民　王莉
	65	交通工具史话	郑若葵
	66	中西交流史话	张国刚
	67	满汉文化交流史话	定宜庄
	68	汉藏文化交流史话	刘忠
	69	蒙藏文化交流史话	丁守璞　杨恩洪
	70	中日文化交流史话	冯佐哲
	71	中国阿拉伯文化交流史话	宋岘
思想学术系列（21种）	72	文明起源史话	杜金鹏　焦天龙
	73	汉字史话	郭小武
	74	天文学史话	冯时
	75	地理学史话	杜瑜
	76	儒家史话	孙开泰
	77	法家史话	孙开泰
	78	兵家史话	王晓卫
	79	玄学史话	张齐明
	80	道教史话	王卡
	81	佛教史话	魏道儒
	82	中国基督教史话	王美秀
	83	民间信仰史话	侯杰
	84	训诂学史话	周信炎
	85	帛书史话	陈松长
	86	四书五经史话	黄鸿春

系列名	序号	书名	作者	
思想学术系列（21种）	87	史学史话	谢保成	
	88	哲学史话	谷 方	
	89	方志史话	卫家雄	
	90	考古学史话	朱乃诚	
	91	物理学史话	王 冰	
	92	地图史话	朱玲玲	
文学艺术系列（8种）	93	书法史话	朱守道	
	94	绘画史话	李福顺	
	95	诗歌史话	陶文鹏	
	96	散文史话	郑永晓	
	97	音韵史话	张惠英	
	98	戏曲史话	王卫民	
	99	小说史话	周中明	吴家荣
	100	杂技史话	崔乐泉	
社会风俗系列（13种）	101	宗族史话	冯尔康	阎爱民
	102	家庭史话	张国刚	
	103	婚姻史话	张 涛	项永琴
	104	礼俗史话	王贵民	
	105	节俗史话	韩养民	郭兴文
	106	饮食史话	王仁湘	
	107	饮茶史话	王仁湘	杨焕新
	108	饮酒史话	袁立泽	
	109	服饰史话	赵连赏	
	110	体育史话	崔乐泉	
	111	养生史话	罗时铭	
	112	收藏史话	李雪梅	
	113	丧葬史话	张捷夫	

系列名	序号	书名	作者	
近代政治史系列（28种）	114	鸦片战争史话	朱谐汉	
	115	太平天国史话	张远鹏	
	116	洋务运动史话	丁贤俊	
	117	甲午战争史话	寇 伟	
	118	戊戌维新运动史话	刘悦斌	
	119	义和团史话	卞修跃	
	120	辛亥革命史话	张海鹏	邓红洲
	121	五四运动史话	常丕军	
	122	北洋政府史话	潘 荣	魏又行
	123	国民政府史话	郑则民	
	124	十年内战史话	贾 维	
	125	中华苏维埃史话	杨丽琼	刘 强
	126	西安事变史话	李义彬	
	127	抗日战争史话	荣维木	
	128	陕甘宁边区政府史话	刘东社	刘全娥
	129	解放战争史话	朱宗震	汪朝光
	130	革命根据地史话	马洪武	王明生
	131	中国人民解放军史话	荣维木	
	132	宪政史话	徐辉琪	付建成
	133	工人运动史话	唐玉良	高爱娣
	134	农民运动史话	方之光	龚 云
	135	青年运动史话	郭贵儒	
	136	妇女运动史话	刘 红	刘光永
	137	土地改革史话	董志凯	陈廷煊
	138	买办史话	潘君祥	顾柏荣
	139	四大家族史话	江绍贞	
	140	汪伪政权史话	闻少华	
	141	伪满洲国史话	齐福霖	

系列名	序号	书　名	作　者
近代经济生活系列（17种）	142	人口史话	姜　涛
	143	禁烟史话	王宏斌
	144	海关史话	陈霞飞　蔡渭洲
	145	铁路史话	龚　云
	146	矿业史话	纪　辛
	147	航运史话	张后铨
	148	邮政史话	修晓波
	149	金融史话	陈争平
	150	通货膨胀史话	郑起东
	151	外债史话	陈争平
	152	商会史话	虞和平
	153	农业改进史话	章　楷
	154	民族工业发展史话	徐建生
	155	灾荒史话	刘仰东　夏明方
	156	流民史话	池子华
	157	秘密社会史话	刘才赋
	158	旗人史话	刘小萌
近代中外关系系列（13种）	159	西洋器物传入中国史话	隋元芬
	160	中外不平等条约史话	李育民
	161	开埠史话	杜　语
	162	教案史话	夏春涛
	163	中英关系史话	孙　庆
	164	中法关系史话	葛夫平
	165	中德关系史话	杜继东
	166	中日关系史话	王建朗
	167	中美关系史话	陶文钊
	168	中俄关系史话	薛衔天
	169	中苏关系史话	黄纪莲
	170	华侨史话	陈　民　任贵祥
	171	华工史话	董丛林

系列名	序号	书名	作者
近代精神文化系列（18种）	172	政治思想史话	朱志敏
	173	伦理道德史话	马 勇
	174	启蒙思潮史话	彭平一
	175	三民主义史话	贺 渊
	176	社会主义思潮史话	张 武 张艳国 喻承久
	177	无政府主义思潮史话	汤庭芬
	178	教育史话	朱从兵
	179	大学史话	金以林
	180	留学史话	刘志强 张学继
	181	法制史话	李 力
	182	报刊史话	李仲明
	183	出版史话	刘俐娜
	184	科学技术史话	姜 超
	185	翻译史话	王晓丹
	186	美术史话	龚产兴
	187	音乐史话	梁茂春
	188	电影史话	孙立峰
	189	话剧史话	梁淑安
近代区域文化系列（一种）	190	北京史话	果鸿孝
	191	上海史话	马学强 宋钻友
	192	天津史话	罗澍伟
	193	广州史话	张 苹 张 磊
	194	武汉史话	皮明庥 郑自来
	195	重庆史话	隗瀛涛 沈松平
	196	新疆史话	王建民
	197	西藏史话	徐志民
	198	香港史话	刘蜀永
	199	澳门史话	邓开颂 陆晓敏 杨仁飞
	200	台湾史话	程朝云

《中国史话》主要编辑

出版发行人

总 策 划	谢寿光	王 正	
执行策划	杨 群	徐思彦	宋月华
	梁艳玲	刘晖春	张国春
统 筹	黄 丹	宋淑洁	
设计总监	孙元明		
市场推广	蔡继辉	刘德顺	李丽丽
责任印制	岳 阳		